Prier 15 jours avec

SAINT PAUL

COLLECTION PRIER 15 JOURS

• Des **livres sources** pour
– passer quinze jours en compagnie d'un maître spirituel à la manière de ces temps de retraite qui ouvrent une brèche dans notre univers quotidien.

• Des **livres pratiques**
– un rappel biographique en début de volume
– un itinéraire balisé en introduction
– une entrée dans la prière répartie sur les quinze chapitres de l'ouvrage
– pour aller plus loin, une bibliographie expliquée.

• Des **livres accessibles**
– un ressourcement qui va à l'essentiel pour des chrétiens actifs
– une information donnée de l'intérieur pour un public plus large.

Prier 15 jours avec

SAINT PAUL

par Michel Quesnel

3e édition

11e mille

Nouvelle Cité

Composition : Nouvelle Cité
Couverture : Laurent Boudre

Illustrations de couverture :
p. 1, portrait fictif de saint Paul, mosaïque de Ravenne
p. 4, portrait de l'auteur (D.R.)

Domaine d'Arny
91680 Bruyères-le-Châtel

ISBN 9782853135504
ISSN 1150-3521

INTRODUCTION

Lorsque l'on pense à saint Paul, on a immédiatement en tête l'apôtre des païens au zèle infatigable, qui se dépensa sans compter pour le service de l'Évangile et la fondation de nouvelles Églises. On pense au converti, naguère persécuteur, saisi par Jésus ressuscité sur le chemin de Damas et devenu grand serviteur de son nouveau maître. On pense à l'auteur des épîtres, réputées difficiles à lire mais dont on peut extraire des textes superbes, comme l'hymne à la charité que l'on entend souvent dans les églises lors des célébrations de mariage. On pense moins souvent à l'homme de prière, au mystique, à celui qui se retirait dans le secret d'une chambre pour intérioriser une existence si pleine de projets et si riche en événements.

Pourtant, la prière est omniprésente dans les écrits de l'Apôtre, et sous des formes variées :

louange, supplication, action de grâces… De nombreux passages de ses épîtres peuvent aisément soutenir la prière d'hommes et de femmes modernes, qui trouveront en lui une sorte de modèle, lui qui n'hésitait pas à écrire : *« Soyez mes imitateurs, comme je le suis moi-même du Christ »* (1 Co 11,1). On s'en nourrira d'autant plus facilement que les situations dans lesquelles Paul était impliqué étaient assez proches de celles que nous pouvons connaître. L'Empire romain a été l'une des premières ébauches historiques de la mondialisation ; une mondialisation dont étaient exclus les peuples qui habitaient en dehors de l'Empire, les barbares, mais qui avait aboli les frontières de nombreux anciens royaumes.

Paul, comme beaucoup de nos contemporains, possédait une double culture : la juive et la grecque. C'est l'une des raisons de la richesse et en même temps de la complexité de sa pensée. Là encore, il est, si l'on ose dire, très moderne.

Ce livre peut donc, à la fois, soutenir quinze jours de prière en compagnie de l'Apôtre, et aider à acquérir une familiarité avec un auteur du Nouveau Testament réputé difficile, parfois rebutant et pourtant incontournable.

Pour que la personne de l'Apôtre soit véritablement notre guide, nous avons limité notre choix de textes à des épîtres reconnues par tous les exégètes comme certainement authentiques, en ne retenant pas celles dont l'authenticité est moins assurée, rédigées vraisemblablement par des disciples. Il s'agit, dans l'ordre probable de leur rédaction, des épîtres suivantes : 1 Thessaloniciens, 1 et 2 Corinthiens, Galates, Romains et Philippiens. L'authenticité du court billet à Philémon est, elle aussi, hors de tout soupçon, mais nous n'y avons pas trouvé de passage aussi riche pour soutenir la prière que dans les six épîtres précédemment nommées.

Nous avons divisé chaque chapitre, après avoir cité le texte qui sera le support de la méditation et de la prière, en trois parties :

– Un court paragraphe, intitulé « Pour comprendre », situe le passage choisi dans le corps de l'épître dont il est extrait, et parfois l'épître tout entière dans le contexte historique de son écriture. Cette façon de faire nous a semblé d'autant plus nécessaire qu'une épître paulinienne est une œuvre suivie : elle était faite, au départ, pour être lue à la suite ; et il y a quelque chose d'artificiel à en isoler un passage. Situé dans son contexte, il parle davantage.

– La seconde partie, la plus longue, s'appelle « Lecture méditée ». Elle aide le lecteur à s'approprier la pensée de l'Apôtre et à en tirer profit pour sa propre existence. C'est une lecture parmi des milliers d'autres possibles. Chacun est invité à construire la sienne.

– Enfin, nous avons conclu chaque chapitre par « Une prière » adressée à Dieu ou au Christ. Là encore, nous ne voulons rien imposer, mais nous savons qu'il n'est pas toujours facile de formuler sa prière à partir d'un texte et d'une lecture méditée, et nous avons voulu aider le lecteur.

C'est bien volontiers que je partage mes découvertes, moi qui travaille les textes de Paul avec passion depuis de nombreuses années. Je souhaite à mon lecteur de découvrir ou redécouvrir l'Apôtre, de vivre une riche expérience spirituelle, et de trouver dans cet ouvrage une nourriture consistante pour son existence quotidienne, au service de l'Évangile, de sa famille, de ses engagements, de la Cité, des pauvres et des exclus, de tout ce qui, dans notre monde, vaut qu'on y consacre quelque force.

DU PERSÉCUTEUR AU TÉMOIN

Pour écrire une vie de saint Paul, on dispose de deux sources principales : ses épîtres et les Actes des Apôtres, second volet de l'œuvre de Luc. Les deux sources se complètent, parfois se contredisent. Il faut alors en faire une analyse critique, en tenant compte des objectifs de chaque auteur. Dans ses épîtres, Paul a tendance à se justifier quand il est attaqué. Quant aux Actes des Apôtres, ils bâtissent un récit suivi dans lequel Jérusalem occupe une place centrale et dans lequel Pierre et Paul sont souvent présentés de façon parallèle. À quelques incertitudes près, il est cependant possible de connaître la vie de Paul avec une bonne précision.

La famille de Paul était établie à Tarse, chef-lieu de la province romaine de Cilicie, dans le sud de la Turquie actuelle. Juif de naissance, il appartenait à la tribu de Benjamin. Son nom hébreu, Saul (prononcer Chaoul), était le même que celui du premier roi d'Israël, prédécesseur de David, l'homme le plus célèbre de cette tribu. C'était donc un Juif de la Diaspora. Le grec, la langue dans laquelle il rédige ses épîtres, était sa langue maternelle. L'homme a été, dès son enfance, baigné dans une double culture, juive et grecque, ce qui explique la richesse et la complexité de sa pensée.

On ignore la date de sa naissance. Une estimation raisonnable le fait naître en 5 ou 6 de notre ère. La tradition veut qu'il ait étudié en partie à Jérusalem et qu'il ait eu pour maître rabbi Gamaliel, un spécialiste renommé des Écritures juives. Mais il avait aussi appris un métier manuel : fabricant de tentes et de bâches, métier qu'il exercera au cours de ses déplacements pour gagner sa vie et ne pas être à la charge des communautés qu'il fonda.

Lorsque le personnage apparaît dans les Actes des Apôtres, il garde les vêtements des personnes qui participent à la lapidation d'Étienne, à Jérusalem, pendant qu'on règle son compte au premier martyr. Son hostilité à l'égard des disciples de Jésus de Nazareth, crucifié par les Romains quelques années plus tôt, est totale. Un peu plus tard, le récit des Actes le montre en route vers Damas, muni de lettres des grands prêtres de Jérusalem, afin de faire prisonniers les disciples du Christ qui fréquentaient les synagogues de cette ville. Cela confirme son propre aveu d'avoir *« persécuté l'Église de Dieu »*.

C'est là qu'il vécut son « chemin de Damas », pour reprendre l'expression que l'événement a consacrée. Le Christ ressuscité lui apparut et le convainquit de son erreur. Lui-même avoua plus tard avoir *« vu Jésus, notre Seigneur »*. Il considère cette apparition comme la dernière manifestation du Ressuscité à des humains après sa résurrection. Nous sommes quelque part entre 32 et 36 de notre ère.

L'homme changea alors totalement son fusil d'épaule. De persécuteur, il devint prédicateur du Seigneur Jésus. À Damas d'abord, puis pendant trois années dans la région de Pétra, il commença à prêcher la Bonne Nouvelle de Jésus ressuscité. Trois ans après, il monta à Jérusalem, rencontra Pierre et Jacques *« le frère du Seigneur »*, et rejoignit la communauté chrétienne qui existait déjà à Antioche de Syrie, point de départ des premières missions en Méditerranée. Antioche est située à quelques dizaines de kilomètres de Tarse. Il fit également quelques séjours dans sa ville natale.

Son activité apostolique majeure est organisée autour de trois voyages missionnaires. La première fois, il partit comme adjoint de Barnabé, lévite originaire de Chypre, un homme sûr. Le déplacement les conduisit précisément à Chypre puis en Asie Mineure, principalement à Antioche de Pisidie, Iconium (aujourd'hui Konya) et Lystres, où il fit la connaissance de Timothée. À leur retour à Antioche de Syrie au bout d'environ deux ans, Barnabé put témoigner de la fiabilité de son compagnon. C'est lors de leur séjour à Chypre que le récit des Actes indique le changement de nom de l'Apôtre de Saul en Paulus (ou Paulos en grec), un surnom latin qui suggère une personne petite, de constitution fragile et de peu d'apparence.

Le deuxième voyage missionnaire le conduisit beaucoup plus loin. Antioche de Syrie étant toujours le point de départ, Paul étant devenu chef de mission, Barnabé se sépara assez vite de lui. Paul commença par revisiter les communautés fondées lors du voyage précédent, passa par le centre de l'Asie Mineure, dut s'arrêter chez les Galates pour raison de santé et en profita pour planter l'Évangile chez ce peuple apparenté aux Gaulois et considéré comme assez rustre par ses voisins de culture grecque.

Ayant ensuite rejoint la côte ouest de l'Asie Mineure, il gagna Troas (la Troie de l'Iliade) sur les rives du détroit des Dardanelles, puis traversa le bras de mer et passa en Europe. Les principales villes dans lesquelles il séjourna nous sont alors connues par ses épîtres : Philippes en Macédoine, Thessalonique, Athènes (pour laquelle nous n'avons pas de correspondance) et Corinthe, chef-lieu de la province romaine d'Achaïe. Après son séjour dans cette ville, il regagna Césarée maritime par la mer, puis, de là, Jérusalem, et enfin Antioche de Syrie.

Le récit des Actes permet de savoir comment Paul procédait quand il arrivait quelque part. Il s'installait en général chez un Juif qui lui avait été recommandé, travaillait de ses mains – sauf à Philippes – et fréquentait les synagogues. C'est là qu'il trouvait un terrain favorable, lorsque l'homélie de l'office du Shabbat lui était confiée, pour annoncer l'Évangile de la résurrection de Jésus. Il resta environ deux ans à Corinthe, moins longtemps ailleurs. Chaque fois il laissait sur place des disciples pour continuer son œuvre.

C'est après son premier ou son deuxième voyage – les historiens datent l'événement des alentours de l'année 50 mais hésitent sur sa place dans la vie de Paul – qu'un vaste débat eut lieu dans l'Église sur le lien entre la foi chrétienne et la pratique de la loi juive. Jérusalem et Antioche de Syrie en furent les principaux théâtres. Tant que tous les adeptes de Jésus ressuscité étaient juifs, il n'y eut pas de problème : tous pratiquaient la loi juive et en respectaient les préceptes. Mais à partir du moment où des non-juifs rejoignirent le groupe des fidèles, que fallait-il faire ?

Fallait-il que les hommes d'origine païenne se fassent circoncire ? Devaient-ils pratiquer les règles alimentaires de la Kasherout ? Et s'ils ne la pratiquaient pas, comment prendre des repas en commun avec les chrétiens juifs, notamment pour la célébration du Repas du Seigneur ? Des débats contradictoires qui eurent lieu, connus par les Actes des Apôtres et l'épître aux Galates, il ressort que le point de vue de Paul prévalut : les chrétiens d'origine païenne ne seraient soumis ni à la circoncision ni aux autres obligations de la loi juive. Les apôtres se répartirent alors les territoires à évangéliser : Pierre et Jean se consacreraient principalement aux Juifs ; Paul et Barnabé, aux païens. L'Évangile pouvait désormais rejoindre tous les humains en pleine liberté.

Le troisième voyage missionnaire de Paul lui fit découvrir de nouveaux territoires : après être reparti d'Antioche de Syrie par voie de terre et être repassé chez les Galates, Paul gagna Éphèse, chef-lieu de la province romaine d'Asie, où il resta deux ans et trois mois. Quand il se retrouva à Corinthe après être repassé par la Macédoine, les choses se passèrent moins bien qu'il l'avait espéré. Des prédicateurs partisans de la pratique de la loi juive pour tous les chrétiens, quelle que soit leur origine, avaient fait leur œuvre. Il prit alors ses distances et se retira en Macédoine, le temps que l'orage se calme. Sans doute contre ses premiers projets, il ne retourna pas à Corinthe. Passant par Milet, au large d'Éphèse, il y rencontra les anciens de cette Église, et regagna la côte de Méditerranée orientale, à Tyr puis à Césarée. De là, il monta à Jérusalem.

Pendant son séjour à Jérusalem, éclata un scandale à son sujet. Le Juif Paul ayant pris ses distances par rapport à la loi était considéré par ses coreligionnaires comme un apostat. Il fut pris à parti dans le Temple, faillit être lynché et se trouva finalement arrêté pour troubles, à la fois prisonnier et protégé de la vindicte juive par la troupe romaine. Alors que son procès traînait en longueur, Paul – si l'on en croit le récit des Actes – en appela à la justice impériale, et l'on organisa son départ pour Rome. Il avait fait le projet de s'y rendre, l'épître aux Romains l'atteste ; il n'imaginait sans doute pas qu'il y arriverait prisonnier.

Le voyage de captivité constitue le quatrième grand déplacement dont les Actes des Apôtres fournissent le récit. Il fut mouvementé. L'un des navires que Paul emprunta, toujours prisonnier, fit naufrage au large de Malte. Les naufragés purent cependant gagner la côte de l'île. De là, Paul rejoignit Reggio de Calabre, Pouzzoles, et enfin Rome. Ici s'arrête le récit des Actes des Apôtres. Le procès se termina par un non-lieu.

Paul se mêla à la communauté chrétienne qui existait déjà avant son arrivée. Il put prêcher l'Évangile dans le centre du monde habité avec pleine assurance. L'auteur des Actes des Apôtres a alors achevé son œuvre. Cela rend plus difficile la connaissance de ce qui se passa pendant les dernières années de l'Apôtre. Quand il écrivit l'épître aux Romains, il avait le projet de se rendre en Espagne. Le fit-il ? Retourna-t-il en Méditerranée orientale ? Ces questions restent ouvertes.

Les chrétiens résidant à Rome connurent de multiples difficultés pendant les années de Néron (54-68). Plusieurs, dont Pierre, furent exécutés peu après l'incendie de la Ville, en 64. Paul fut décapité sans doute quelques années plus tard. On donne en général 67 comme date de son martyre. Son tombeau se trouve sur la voie d'Ostie, à la sortie sud de Rome, sous l'autel de l'actuelle basilique Saint-Paul-hors-les-Murs. Des fouilles récentes, publiées en 2006, attestent la vraisemblance historique de cette localisation traditionnelle.

LE FONDEMENT DE LA PRIÈRE CHRÉTIENNE

Que personne ne recherche son propre intérêt, mais que chacun de vous pense à celui des autres. Comportez-vous entre vous comme on le fait quand on connaît Jésus Christ :
lui, qui possédait la condition divine,
ne voulut pas demeurer de force l'égal de Dieu.
Mais il renonça de lui-même à tout ce qu'il avait,
et prit la condition d'esclave.
Devenu homme parmi les hommes et reconnu comme tel,
il s'abaissa lui-même
en devenant obéissant jusqu'à la mort,
la mort sur une croix.
C'est pourquoi Dieu l'éleva à la plus haute place
et le gratifia du Nom

supérieur à tout autre nom,
afin qu'au nom de Jésus tous les êtres vivants s'agenouillent,
aux cieux, sur terre et sous la terre,
et que toute langue proclame :
Jésus Christ est Seigneur
pour la gloire de Dieu le Père.
(Philippiens 2,5-11)

Pour comprendre

Écrivant à l'Église de Philippes en Macédoine, une ville qu'il a lui-même évangélisée, Paul exhorte tous les fidèles à rechercher les intérêts des autres plutôt que les leurs. La tentation de profiter d'une situation pour en tirer honneur ou avantage est de tous les temps.

L'Apôtre soutient cette exhortation en citant une hymne dont il n'est sans doute pas l'auteur, empruntée à la liturgie des premières communautés chrétiennes. Ce texte superbe retrace l'itinéraire complet de Jésus Christ, depuis son incarnation jusqu'à sa résurrection et à son exaltation à la droite du Père. La portée de cette pièce liturgique dépasse largement la simple exhortation morale qu'elle vient appuyer : Jésus fut le premier à faire passer les intérêts des autres avant le sien propre. Il mérite d'être imité.

Lecture méditée

L'hymne de l'épître aux Philippiens nous place au cœur de l'originalité chrétienne. Le Dieu créateur s'est compromis avec sa création. Par l'incarnation, le Fils de Dieu se dépouilla de tous ses privilèges et prit chair de notre chair, initiative qui n'a d'équivalent dans aucune autre religion monothéiste : il devint l'un des nôtres, et il le reste. Si l'on situe le ciel en haut et la terre en bas, c'est un immense abaissement.

En se faisant humain, Dieu s'immergea complètement dans notre histoire : il se fit Juif, Galiléen, au premier siècle de notre ère. L'homme Jésus qui sillonna les routes de Palestine, reconnu par ses contemporains comme un prophète et un sage, est icône et parole de Dieu. Plus humain que tout humain puisqu'il n'a pas été défiguré par le péché, il est l'homme par excellence, qui nous révèle le vrai visage de Dieu : un visage plein d'humanité.

En retour, tout être humain est invité à honorer la part de divinité qu'il a en lui. De nous à Dieu, la distance, qui peut paraître immense, n'est pas si grande que cela. Jésus n'hésita pas à citer à des contradicteurs, qui lui reprochaient ses prétentions à être intime de Dieu, une phrase du Psaume 82 : « J'ai dit : vous êtes des dieux. »

Et l'abaissement de Dieu ne s'arrête pas là.

À la condition divine, l'hymne n'oppose pas la condition humaine, mais la condition d'esclave. Le terme est fort. On peut aussi le traduire par « serviteur », moins violent, mais l'attitude est la même. Jésus l'illustra par sa proximité avec tous les pauvres et humiliés de son temps et de sa culture : les infirmes, les enfants, les femmes, les veuves, les pécheurs, les non-juifs…

L'attitude culmine au lavement des pieds rapporté par saint Jean, geste courant dans la culture orientale de l'époque, que le maître de maison confiait à une servante ou une jeune esclave lorsqu'il recevait un hôte de marque. Laver les pieds de quelqu'un, c'est le regarder de bas en haut. Pierre, d'ailleurs, ne se trompe pas sur ce renversement inattendu, et refuse d'abord de se laisser faire (Jn 13,6). Mais Jésus insiste. Une telle posture a pour conséquence que les humains qui se reconnaissent disciples de Jésus doivent à leur tour regarder de bas en haut ceux qu'ils veulent servir.

On ne donne pas de son temps ou de son argent comme une aumône de riche. Je suis l'obligé de celui à qui je viens en aide, car il me donne l'occasion d'imiter Jésus et de dépasser mon égoïsme. Cela, je dois me le redire chaque fois que je fais du bien à quiconque, par un peu d'argent que je lui donne ou un peu de temps que je lui consacre. Vincent de Paul disait à ses dirigés qu'ils avaient à se faire pardonner par les pauvres le bien qu'ils leur faisaient.

Puis l'Esclave divin fut mis à mort. Dans l'Antiquité, un maître avait droit de vie et de mort sur son esclave. Esclave volontaire, Jésus accepta que la haine l'atteigne, que l'intention de supprimer le prophète de l'amour aboutisse. Il accepta la mort injuste, réclamée au cours d'une parodie de procès que lui intentèrent quelques grands prêtres, lâchement décidée par un gouverneur romain brutal et vénal. Et il mourut de la façon la plus infamante pour l'époque, crucifié aux portes de Jérusalem : la croix était le supplice des esclaves et des gens de basse condition. Le Crucifié de Jérusalem nous montre jusqu'où peut aller l'amour que Dieu nous porte.

La suite de l'hymne aux Philippiens rapporte la réponse du Père à l'amour dont le Fils aima : il le réveilla dans une vie autre que celle où il avait souffert. Jésus Christ ressuscité est à jamais un humain vivant, comme nous sommes tous appelés à l'être. Celui qui, sur la croix, n'avait plus figure humaine a reçu le Nom par excellence : il est Seigneur, un titre divin qu'il avait déposé à nos pieds.

Après s'être agenouillé devant ses disciples, Jésus était devenu sur le gibet du Golgotha un corps lamentable et agonisant. Il avait ensuite été inhumé. Remis debout par le Père, c'est maintenant lui qui mérite que les genoux fléchissent en sa présence, que tous les vivants se prosternent, et pas seulement les humains : le texte mentionne aussi les êtres célestes et les puissances infernales, donc tout ce qui, dans le monde créé, est porteur de vie.

La résurrection n'est pas seulement un événement de la vie de Jésus, c'est aussi le signe incontestable que la création réussira, message qu'il est bon d'entendre lorsque l'on estime trop facilement, face aux désordres du monde, que l'avenir est sans espoir. Non, le destin ultime du monde n'est pas le chaos. Les ténèbres n'auront pas le dernier mot.

Une prière

Seigneur Jésus, icône et parole de Dieu, tu nous as montré en devenant l'un de nous à quel point le Père désire être proche de ses créatures.

Par ta mort acceptée, tu as abandonné ta destinée entre nos mains, acceptant d'être victime de la haine lorsqu'elle se déchaîne contre l'amour.

Nous te rendons grâce pour cette œuvre merveilleuse.

Maintenant vivant éternellement par la grâce du Père, tu nous montres un visage rayonnant, capable d'illuminer nos grisailles et nos ténèbres.

Reçois l'hommage de notre reconnaissance.

Donne-nous de savoir nous mettre à genoux devant toi et devant nos frères, en esclaves volontaires, convaincus que le don de soi est le chemin de la vie véritable.

PRIER SANS CESSE

Soyez toujours joyeux, priez sans cesse, rendez grâce en toutes circonstances. Telle est la volonté de Dieu pour vous, dans votre vie avec Jésus Christ.
Ne faites pas obstacle à l'action de l'Esprit; ne méprisez pas la prophétie. Mais évaluez toutes choses : retenez ce qui est bon, et gardez-vous de toute forme de mal.
Que Dieu, source de paix, fasse que vous soyez totalement unis à lui; qu'il garde toute votre personne, esprit, âme et corps, irréprochable pour le jour où viendra notre Seigneur Jésus Christ.
Celui qui vous appelle accomplira cela, car il est fidèle.
Frères, priez aussi pour nous.
Saluez tous les frères d'un baiser fraternel.

Je vous en supplie, au nom du Seigneur : lisez cette lettre à tous les frères.
Que la grâce de notre Seigneur Jésus Christ soit avec vous.
(1 Thessaloniciens 5,16-28)

Pour comprendre

La plus ancienne lettre que nous possédons de saint Paul est cette 1re épître aux chrétiens de Thessalonique en Macédoine. Paul la signe avec Silvain et Timothée, qui l'ont accompagné dans sa mission d'évangélisation et que les habitants de Thessalonique connaissent. D'où le pluriel : « *Frères, priez aussi pour nous.* » Le « nous » n'est pas un pluriel de majesté.

C'est sur ce passage que la lettre se clôt. Il est composé d'exhortations brèves qui se font suite. Elles récapitulent ce que l'Apôtre et ses compagnons ont rappelé aux Thessaloniciens : l'histoire de l'évangélisation de la ville, l'exigence d'amour fraternel entre chrétiens, l'espérance en une vie éternelle.

Lecture méditée

« *Soyez toujours joyeux.* » Est-il normal d'être toujours joyeux ? Dans les moments difficiles n'aurait-on pas le droit d'être triste ? D'après les Actes des Apôtres, Paul lui-même a dû s'enfuir de Thessalonique avec Silvain en pleine nuit pour échapper à l'hostilité d'un groupe de Juifs particulièrement monté contre lui. Était-il heureux à ce moment-là ? C'est peu probable !

Si l'Apôtre invite à la joie constante, c'est qu'il s'agit d'une joie d'une autre nature, qui n'a pas grand rapport avec la simple gaîté ou le contentement du moment. C'est la joie de savoir que le Dieu de l'Évangile est un Dieu d'amour. La vie est belle parce que Dieu nous aime, non parce que le ciel serait tous les jours sans nuages. L'amour dont nous sommes aimés est la source d'une joie profonde, qui permet de supporter les pires difficultés sans aigreur. François d'Assise parlait de « la joie parfaite » en évoquant la possibilité que, cheminant avec frère Léon, il se fasse chasser de plusieurs couvents franciscains en pleine tempête de neige et de vent glacé. Que valent nos petites difficultés, comparées à la joie de savoir le monde sauvé par Jésus, et de s'associer à sa Passion par de modestes épreuves ?

« *Priez sans cesse.* » Tous les chrétiens n'ont pas choisi la vie contemplative, et même les contemplatifs ne passent pas leur temps dans l'église du monastère ! Paul le premier, actif comme nous le connaissons, faisait dans la journée mille autres choses : voyages, prédication, travail manuel pour gagner sa vie ont composé son quotidien. Lorsqu'il demande de prier sans cesse, il n'a pas en tête que ses destinataires devraient être constamment en prière. Il exhorte plutôt à entretenir en soi une disposition de prière permanente, une attitude globale de disponibilité à Dieu et à l'Esprit, qui permet de vivre les événements en profondeur au lieu de se laisser effleurer par la vie.

L'attitude priante s'entretient par le silence. À condition de ne pas combler systématiquement les temps morts par de la musique ou par du bruit, l'espace de disponibilité que l'on crée en soi est un lieu que le Dieu vivant ne demande qu'à habiter.

« Rendez grâce en toutes circonstances. » Sans doute la louange est-elle la forme la plus haute de la prière. Mais est-elle possible *« en toutes circonstances »* ? Les psaumes eux-mêmes ont des tonalités variées. S'il y a des psaumes d'action de grâce, d'autres sont des lamentations ou des cris de révolte. La familiarité avec Dieu à laquelle nous sommes appelés mérite que nous lui exprimions notre mécontentement quand il existe. En dehors de cette franchise, il n'y a pas de relation vraie.

Paul ne nie pas la légitimité de la plainte

devant Dieu ou de l'appel au secours. Le remerciement est pourtant ce par quoi il faut toujours commencer. Un prêtre de mes amis le disait : « Lorsque vous avez envie de vous lamenter, cherchez les raisons que vous avez de vous réjouir. Il y en a plein. » Après cette reconnaissance, tout peut trouver place, y compris la plainte ; elle est alors une plainte de fils, pas une revendication.

Qui serais-je pour oser dire à Dieu que les choses devraient être autrement ? Paul écrit dans l'épître aux Romains : *« Qui es-tu donc, toi, homme, pour contredire Dieu ? Le vase d'argile demande-t-il à celui qui l'a façonné : "Pourquoi m'as-tu fait ainsi ?" Le potier peut faire ce qu'il veut avec l'argile : à partir de la même pâte, il peut façonner un vase précieux ou un vase ordinaire »* (Rm 9,20-21).

Il y a, dans les trois exhortations par lesquelles s'ouvre le passage, de quoi porter sur la vie un regard autre que celui que l'on est spontanément tenté de porter. C'est souvent à cela que nous conduit la lecture de la Bible : à convertir notre regard, sans pour autant tomber dans la résignation.

Par là se comprennent les impératifs qui suivent : ne pas faire obstacle à l'action de l'Esprit, ne pas mépriser les messages inspirés, se garder du mal sous toutes ses formes. L'Esprit Saint est vivant et ne cesse de frapper à la porte. Il suffit de ne pas la fermer pour qu'il puisse entrer en nous. En se gardant du mal, on rend possibles toutes les formes du bien qui sont, les unes et les autres, œuvre de l'Esprit. Ce n'est pas pour rien que l'Église a distingué, en les empruntant au prophète Isaïe, sept dons du Saint-Esprit : sagesse, intelligence, conseil, force, science, piété et « crainte de Dieu » (une révérence religieuse qui n'est pas la peur).

Être chrétien, c'est d'abord reconnaître que nous recevons la vie d'un autre, pas seulement la vie végétative transmise par nos parents, mais aussi la vie spirituelle, celle qui nous nourrit en permanence et nous permet d'agir de façon fidèle à l'Évangile. La joie et l'action de grâce en sont la toile de fond. Elles donnent le climat de toute activité engagée sous l'impulsion de l'Esprit, activité qui, elle aussi, est prière.

Une prière

Donne-nous, Seigneur, de t'être entièrement unis ; c'est ainsi que nous recevrons ta paix.

En reconnaissant ce qui nous vient de toi, nous ne pouvons qu'être dans la joie et l'action de grâces, quelles que soient les difficultés du moment.

Ton Esprit ne demande qu'à habiter en nous ; accorde-nous de lui laisser toute la place afin qu'il inspire nos actions.

Toute notre personne, esprit, âme et corps, pourra alors agir selon ta volonté et faire de sa vie une prière qui rejoint celle de ton Fils Jésus, le fidèle entre les fidèles, dont la lumière nous éclaire déjà et que nous sommes appelés à rencontrer en pleine clarté au terme de notre existence terrestre.

RENDRE GRÂCE POUR LES AUTRES

Paul, appelé à être apôtre du Christ Jésus par la volonté de Dieu,
et Sosthène, le frère,
à l'Église de Dieu qui est à Corinthe, à ceux qui sont appelés à vivre pour Dieu et qui lui appartiennent par la foi en Jésus Christ,
et à tous ceux qui, partout, font appel au nom de notre Seigneur Jésus Christ, leur Seigneur et le nôtre,
à vous, grâce et paix, de la part de Dieu notre Père et du Seigneur Jésus Christ.

Je rends grâce sans cesse à mon Dieu pour vous, pour la grâce qu'il vous a accordée par Jésus Christ. En effet, dans l'union avec le Christ, vous avez été enrichis de tous les dons, en particulier tous ceux de la parole et de la connaissance.

Le témoignage rendu au Christ a été si fermement établi parmi vous qu'il ne vous manque aucun don de Dieu, à vous qui attendez le moment où notre Seigneur Jésus Christ apparaîtra. C'est lui qui vous maintiendra fermes jusqu'au bout pour qu'on ne puisse vous accuser d'aucune faute au jour de sa venue.
Dieu lui-même vous a appelés à vivre dans l'union avec son fils Jésus Christ notre Seigneur : il est fidèle à ses promesses.
(1 Corinthiens 1,1-9)

Pour comprendre

C'est par ces lignes que s'ouvre la 1re épître aux chrétiens de Corinthe, grande ville gréco-romaine que Paul a lui-même évangélisée. Elles respectent les règles de composition d'une lettre dans l'Empire romain. Les auteurs se nomment d'abord. Ils nomment ensuite leurs destinataires. Enfin arrive la salutation qui, dans une correspondance courante, se limite à un rapide : « Salut. » Plus développée, la salutation est, chez Paul, un vœu fervent nourri d'Évangile : *« À vous grâce et paix, de la part de Dieu notre Père et du Seigneur Jésus Christ. »*

Après cette « adresse », suit en général un « exorde », par lequel l'auteur vante les qualités de son destinataire. Paul, là encore, transforme la démarche : le remerciement est adressé à Dieu. Ce n'est pas des Corinthiens qu'il fait l'éloge, mais de Celui qui a réalisé en eux de grandes choses. Les mérites cités ne sont pas là où on les attendrait : les Corinthiens en sont le terrain, pas les acteurs.

Lecture méditée

À lire l'ensemble de la 1re épître aux Corinthiens, on découvre que la situation de la jeune Église est loin d'être idéale : il y a des factions dans la communauté, le comportement moral de certains fidèles est plus que douteux, les plus riches transforment la célébration de l'eucharistie en beuverie… La liste des reproches pourrait être longue. Paul y reviendra ensuite, mais ce n'est pas sur ce ton-là qu'il aborde ses destinataires. Il commence par l'action de grâces, en raison de toutes les richesses spirituelles dont les Corinthiens bénéficient désormais grâce à Dieu : don de la parole, don de la connaissance, don de l'engagement ferme dans l'Évangile, il ne leur en manque aucun.

Paul manifeste par là un aspect important de la mission apostolique. On s'imagine parfois que, pour être un apôtre digne de ce nom, il faudrait se planter au milieu des rues et annoncer Jésus Christ à haute et intelligible voix, comme le font certains prédicateurs de Marble Arch, à Londres. Or, ce n'est pas comme cela que Paul a procédé habituellement, sauf sur l'Agora d'Athènes, où c'était courant. Au début de la 1re épître aux Corinthiens, l'Apôtre identifie le travail de Dieu chez ses destinataires et fait retour à Dieu de ce qui lui revient.

S'effacer devant le Seigneur est un critère important de l'apostolat authentique. Paul exprime cela un peu plus loin dans le corps de l'épître, à propos de ce qu'il a réalisé conjointement avec Apollos, un Juif alexandrin qui est intervenu après lui à Corinthe et y a renforcé la présence de l'Évangile : « *Chacun de nous accomplit le devoir que le Seigneur lui a confié : j'ai mis la plante en terre, Apollos l'a arrosée, mais c'est Dieu qui l'a fait croître. Ainsi, celui qui plante et celui qui arrose sont sans importance : seul Dieu compte, lui qui fait croître la plante* » (1 Co 3,5-7).

Ainsi chacun peut-il être missionnaire en révélant simplement aux gens ce que Dieu à accompli en eux, sans esprit de propagande et sans pudeur excessive : « Tu me dis cela de ta vie, de ton itinéraire, de tes déceptions, de tes espérances, de tes progrès. Il me semble qu'un travail de Dieu s'est accompli en toi : il se manifeste ici, et aussi là, et là encore… »

Le témoin agit alors comme un catalyseur : il s'intéresse suffisamment à autrui pour avoir repéré des évolutions, discerné les réalisations de l'Esprit dans les personnes et les groupes ; et il a la simplicité et le courage de les nommer. Le vis-à-vis reste parfaitement libre par rapport à cette révélation. Le respect mutuel est total.

Rendre grâce à Dieu pour ce qu'il réalise dans les autres n'est pourtant guère répandu. Les autres, on préfère en général les critiquer, quand ce n'est pas les dénigrer ou les calomnier. On se donne ensuite des excuses en prétendant ne pas l'avoir fait méchamment, mais les dégâts sont là. Celui qui loue Dieu pour ses réalisations provoque au contraire un élargissement du regard. Du bien se fait partout, public et secret, connu et inconnu. La prière d'action de grâces pour les autres a inévitablement une dimension universelle.

En plus de sa capacité à identifier le travail de la grâce chez ses destinataires, Paul ajoute encore un mot : *« C'est lui qui vous maintiendra fermes… »* Là encore, il est un maître. Lorsque l'on a charge pastorale, il est bon d'inviter les personnes tentées par le découragement à jeter un coup d'œil en arrière. Non pour qu'elles se réfugient dans une vaine nostalgie, mais pour qu'elles prennent conscience de tout ce que Dieu a déjà réalisé en elles et par elles. Ce qui s'est produit est le gage de ce qui se produira encore. C'est ainsi que la foi débouche sur l'espérance. Le Dieu fidèle n'interrompt pas sa fidélité à un moment précis de notre histoire : « *Si nous sommes infidèles, il demeure fidèle, car il ne peut se mettre en contradiction avec lui-même* » (2 Tm 2,13).

Le passé est lumière pour le présent et gage de l'avenir. Les mains du Créateur ne cessent d'œuvrer pour le bien. La meilleure prière de demande est d'invoquer Dieu pour que cela continue.

Une prière

Grâces te soient rendues, Seigneur, pour les merveilles que tu réalises dans le cœur de tous les humains.

La vie de ton Église témoigne de ta grâce : là où le nombre des prêtres diminue, des laïcs se lèvent pour faire vivre les communautés de croyants ; ailleurs, des prêtres et des diacres, des religieux et des religieuses répondent en nombre à l'appel que tu leur as adressé.

Tu agis largement en dehors de ton Église. Chaque fois que tu inspires une charité exemplaire ou que des adversaires se tendent la main, c'est ton travail qui se déploie.

Donne-nous d'aider nos frères à repérer la façon dont tu les accompagnes, à ne pas regarder le passé comme un âge meilleur, source de nostalgie ou de regret, mais comme le lieu où tu t'es déjà manifesté et comme la source d'une espérance.

N'arrête pas, Seigneur, l'œuvre de tes mains.

VIVRE LE TEMPS AUTREMENT

Voici ce que je dis, frères : il reste peu de temps. Désormais, il faut que les hommes mariés vivent comme s'ils n'étaient pas mariés ; ceux qui pleurent comme s'ils ne pleuraient pas ; ceux qui sont joyeux comme s'ils n'étaient pas joyeux ; ceux qui achètent comme s'ils ne possédaient pas ce qu'ils ont acheté ; ceux qui usent des biens de ce monde comme s'ils n'en usaient pas. Car elle passe la figure de ce monde-ci. J'aimerais que vous soyez libres de tout souci.
(1 Corinthiens 7,29-31)

Pour comprendre

Les Corinthiens convertis par la prédication de Paul se posaient des questions sur lesquelles ils ont interrogé l'Apôtre par écrit. Elles tournent toutes autour d'une interrogation globale : leur foi chrétienne doit-elle les conduire à changer d'état de vie ? Les hommes mariés, par exemple, doivent-ils poursuivre ou non leur vie conjugale ? Et si leur femme est restée non croyante ? À l'inverse, les célibataires doivent-ils se marier, ne serait-ce que pour donner naissance à des enfants chrétiens ?

La réponse de Paul est claire : que chacun reste dans l'état de vie qui était le sien quand il a adhéré au Christ. La foi ne doit rien changer à l'état de vie. En même temps, elle change tout, car on ne porte plus sur le monde le même regard. Et l'une des choses qu'elle change fondamentalement, c'est le rapport au temps.

Lecture méditée

« Il reste peu de temps. » On a pu penser que Paul estimait proche la fin du monde. Ce n'est pas impossible, mais on ne le saura jamais avec certitude et, de toute façon, cela a peu d'importance. Quelle que soit la durée de vie qui reste à courir, le temps est toujours compté. Il est compté pour le monde dans lequel nous vivons : le soleil consomme de sa masse et de son énergie à chaque seconde ; dans quelques millions d'années la planète terre sera d'elle-même devenue invivable ;

et les humains font tout ce qu'il faut pour accélérer considérablement le processus !

Le temps est également compté pour chacun puisque, proche ou lointaine, notre mort est certaine. Nous disparaîtrons du monde, quand bien même il continuerait. Que faire alors ? Jouir pendant qu'il en est encore temps ? Telle est la réponse des épicuriens et de leurs émules. La foi donne une autre orientation : elle tient dans tous les *« comme si... »* que Paul aligne d'une façon qui peut nous surprendre.

La joie ne se limite pas à la joie. Une joie lucide ne peut faire l'économie des malheurs qui frappent le monde, ou de la mort et de son tragique. Cela ne doit pas nous conduire à jouer les rabat-joie, mais à avoir de notre joie elle-même une conscience plus vaste. « Votre joie est votre tristesse sans masque », écrivait Khalil Gibran.

Il en va de même de la tristesse. Toute tristesse est respectable, certes, mais elle doit céder devant la joie de savoir que Christ nous a sauvés et que nous sommes tous appelés au bonheur. En outre, il n'est pas rare que notre tristesse prenne sa source dans les soucis démesurés que nous nous faisons pour nous-mêmes. Saint Thomas More adressait à Dieu cette prière pleine d'humour : « Ne permets pas que je me fasse trop de souci pour cette chose encombrante que j'appelle moi. »

Acheter est légitime, mais la mentalité de propriétaire ne l'est pas; et la frénésie d'acheter – je le constate pour moi – n'est souvent que l'expression d'un mal-être. Nous ne sommes que gérants des biens de ce monde. Les linceuls n'ont pas de poches : de nombreuses paraboles évangéliques le rappellent à l'envi.

Plus surprenante peut nous paraître la relativisation du mariage, du célibat, de la virginité. Elle semble aller à l'encontre de la spiritualité conjugale, et remettre en cause le célibat consacré. Paul ne va cependant pas jusque-là. Lui-même vivait en célibataire, et il y tenait. Il demande aussi aux jeunes convertis qui étaient mariés de le rester après leur conversion à l'Évangile. Pourtant, ni mariage ni virginité ne sont dispensés du *« comme si »*. Être marié ou être célibataire est second par rapport à un engagement plus fondamental, celui de la foi et de sa conséquence, à savoir la sainteté.

Bien que le bonheur soit souvent dans les petites choses et que le quotidien mérite d'être honoré et célébré, les conditions matérielles de l'existence valent toutes d'être relativisées devant le seul objectif qui vaille : être des saints. Nous le sommes, Paul ne se prive pas de le répéter. Donc tirons-en les conséquences : devenons-le! Et la sainteté transcende tous les conditionnements et tous les états de vie.

C'est ce que Paul exprime en affirmant que

« nous avons notre citoyenneté dans les cieux » (Ph 3,20). Nous n'avons certes pas à mépriser le monde ou le fuir ; avoir les pieds sur terre est une vertu. Pourtant il est bien d'avoir la tête ailleurs, ne serait-ce que pour élargir les perspectives et pour moins mal savoir où nous dirigeons nos pas. Cette intuition sera reprise par l'*Épître à Diognète,* un écrit chrétien de l'Antiquité dont l'auteur est inconnu. Bien que rédigé il y a un millénaire et demi, son message est resté très actuel. En voici quelques extraits :

« Les chrétiens ne se distinguent des autres hommes ni par le pays, ni par le langage, ni par le vêtement. Ils n'habitent pas de villes qui leur soient propres, ils ne se servent pas de quelque dialecte extraordinaire, leur genre de vie n'a rien de singulier… Ils résident chacun dans sa propre patrie, mais comme des étrangers domiciliés. Ils s'acquittent de tous leurs devoirs de citoyens, et supportent toutes les charges comme des étrangers. Toute terre étrangère leur est une patrie, et toute patrie leur est une terre étrangère… Ils sont dans la chair mais ne vivent pas selon la chair. Ils passent leur vie sur la terre mais sont citoyens du ciel. Ils obéissent aux lois établies et leur manière de vivre l'emporte en perfection sur les lois… »

Trouver la juste distance avec l'environnement, vivre une solidarité vraie avec ses contemporains sans se laisser emporter par le courant ambiant, c'est une ligne de crête dont chaque disciple du Christ doit dessiner le tracé.

Une prière

La vie est faite de mille petites choses, Seigneur, auxquelles nous nous attachons et qui mobilisent notre attention. Nous faisons des projets, nous sommes déçus lorsqu'ils n'aboutissent pas. Nous bâtissons et nous détruisons, nous vendons et nous achetons. Nous passons de la joie à la tristesse et de la tristesse à la joie. Tout cela est humain. C'est le terreau sur lequel peut être projetée la lumière de la foi.

Tu nous fais découvrir que nous ne sommes pas faits autrement que les autres humains. Merci de nous rappeler à cette humilité qui nous prévient contre un christianisme arrogant.

Tu nous appelles cependant à donner au temps de notre vie sa dimension d'éternité et à situer nos préoccupations dans ton souci pour la création tout entière.

Donne-nous de ne pas confondre nos taupinières avec des montagnes, et d'accorder aux choses de la vie leur véritable importance.

Donne-nous de fondre notre regard dans le tien.

PARTAGER SA VIE DANS L'EUCHARISTIE

Voici l'enseignement que j'ai reçu du Seigneur et que je vous ai transmis : le Seigneur Jésus, dans la nuit où il fut livré, prit du pain et, après avoir rendu grâce, le rompit et dit : « Ceci est mon corps, qui est pour vous. Faites ceci en mémoire de moi. »
De même, pour la coupe après le repas, en disant : « Cette coupe est la nouvelle alliance en mon sang. Faites ceci, chaque fois que vous en boirez, en mémoire de moi. »
Chaque fois, en effet, que vous mangez ce pain et buvez cette coupe, vous annoncez la mort du Seigneur jusqu'à ce qu'il vienne. Donc, si quelqu'un mange le pain ou boit la coupe du Seigneur de façon indigne, il se rend coupable envers le corps et le sang du Seigneur.
(1 Corinthiens 11,23-27)

Pour comprendre

Aux temps apostoliques, les chrétiens célébraient l'eucharistie au cours d'un repas du soir, dans des maisons particulières, invités par les plus riches d'entre eux. Cela ne se passait pas toujours très bien. Les plus aisés arrivaient tôt, disposaient des meilleures places et forçaient sur la nourriture et la boisson. L'atmosphère de partage fraternel, nécessaire à la bénédiction du pain et de la coupe, faisait défaut.

Paul rappelle les Corinthiens au sérieux de ce qu'ils prétendent célébrer. C'est pour lui l'occasion d'insérer dans son épître le récit de l'institution eucharistique, récit qu'il a reçu de la tradition puisque lui-même n'était pas présent. Un récit proche de celui-là nous a également été transmis par Matthieu, Marc et Luc.

Lecture méditée

L'eucharistie n'est ni un sacrement lointain que chacun fréquente à distance pour son propre compte, ni un simple banquet convivial et sympathique. Elle est la reprise, après la Résurrection, du dernier repas que Jésus partagea avec ses disciples, le soir du Jeudi Saint, alors que son sort est déjà joué. L'heure était grave. Lorsque nous refaisons le geste en mémoire de lui, la gravité demeure : il en va du destin du Fils de Dieu qui se laissa mettre à mort et transforma cet assassinat politique en offrande volontaire. Le Christ qui se donne en nourriture s'est d'abord donné tout entier, corps et âme.

Le corps et le sang signifient la totalité de la personne. La coupe rappelle l'alliance nouvelle annoncée par le prophète Jérémie : « Bientôt, déclare le Seigneur, je conclurai une alliance nouvelle avec le peuple d'Israël et le peuple de Juda... Voici en quoi consistera l'alliance que je conclurai avec le peuple d'Israël, déclare le Seigneur : j'inscrirai mes instructions non plus sur des tablettes de pierre, mais dans leur conscience ; je les graverai sur leur cœur ; je serai leur Dieu et ils seront mon peuple » (Jr 31,31.33).

Pour les chrétiens, cette nouvelle alliance a été scellée par le sang que Jésus a versé. Elle implique le respect des exigences évangéliques, à commencer par celle de l'amour fraternel. En conséquence, on ne peut s'approcher de l'eucharistie avec le cœur habité par la haine, ou même simplement plein d'indifférence pour les personnes défavorisées. Tel est le sens de la prière universelle, qui n'est jamais complète si elle ne rappelle pas des situations de précarité auxquelles nous sommes décidés à remédier. C'est d'autant plus vrai lorsque le pauvre est à notre porte ou parmi nous, comme c'était le cas dans les assemblées eucharistiques de Corinthe.

Oublier le pauvre et le souffrant dans une célébration eucharistique, c'est oublier le Christ qui s'est lui-même fait pauvre et souffrant ; on est alors en pleine incohérence. C'est ce qui conduit Paul à écrire : *« Si quelqu'un mange le pain ou boit la coupe du Seigneur de façon indigne, il se rend coupable envers le corps et le sang du Seigneur. »* Jésus lui-même est bafoué.

De nos jours où l'eucharistie est célébrée en dehors d'un véritable repas, la juxtaposition scandaleuse du rite de bénédiction et de la pagaïe inégalitaire qui régnait à Corinthe n'existe plus en l'espèce. Mais le risque de ne pas donner à la célébration eucharistique tout son poids n'a pas disparu. Les deux déviances les plus courantes sont la banalisation et le manque de lien avec la vie de charité.

Pour les chrétiens familiers de la pratique hebdomadaire, le risque qu'elle devienne une habitude n'est pas illusoire. On va à la messe, seul ou en famille. C'est un geste courant du samedi soir ou du dimanche. On communie ; là aussi, c'est habituel. Et la messe peut devenir un geste parmi d'autres du train-train de l'existence religieuse. La gravité de ce que l'on célèbre s'en trouve sérieusement atténuée. Il serait bon, alors, de se rappeler cette parole de Jésus à la mystique italienne Angèle de Foligno : « Ce n'est pas pour rire que je t'ai aimée. »

Le risque de déconnexion entre le sacrement et la vie de charité est tout aussi réel. Je vais à la messe, j'accomplis mon devoir dominical, je donne éventuellement quelques sous au mendiant qui fait la manche à la porte de l'église, mais qu'est-ce que cela engage dans ma vie ordinaire ? Quelle solidarité ? Quel partage ? Parfois très peu. Trop peu.

La théologie a consacré l'expression « partage eucharistique ». Elle est belle et profonde. Elle rappelle à la fois que Jésus a partagé sa vie avec les humains jusqu'à la mort injuste acceptée, que le pain eucharistique est partagé entre les fidèles au cours de la célébration, et que toute vie qui se prétend nourrie d'Évangile est une vie de partage. C'est une des raisons pour lesquelles l'eucharistie peut également être nommée « centre et sommet de la vie de l'Église », car le partage est une des attitudes évangéliques les plus fondamentales. Jean-Paul II écrivait dans son encyclique *Ecclesia de Eucharistia :* « Le don du Christ et de son Esprit, que nous recevons dans la communion eucharistique, accomplit avec une surabondante plénitude les désirs d'unité fraternelle qui habitent le cœur humain ; de même, il élève l'expérience de fraternité inhérente à la participation commune à la même table eucharistique jusqu'à un niveau bien supérieur à celui d'une simple expérience de convivialité humaine » (§ 24).

Une prière

Merci, Seigneur Jésus, du repas eucharistique dans lequel tu te donnes à nous. Nous nous rappelons que ton corps est à la fois ton corps physique crucifié et le corps ecclésial qui a mission de se livrer pour que le monde ait la vie. Les deux corps sont ordonnés l'un à l'autre. Tu nous invites à mettre l'eucharistie au centre de notre vie, en nous associant au don que tu as fait de toute ta personne.

Ne permets pas que nos célébrations soient banales ou hypocrites.

Donne-nous d'apprécier la grâce qui nous est faite de pouvoir célébrer. Accorde-nous d'y participer avec le meilleur de nous-mêmes, de nous laisser convertir à l'écoute de la Parole et de partager le pain qui nous est donné.

Donne-nous d'honorer pour l'eucharistie sa dimension universelle, afin que personne n'y soit oublié et que nous nous fondions dans le mouvement de Jésus qui s'est livré à la mort pour que le monde vive.

SE DONNER À L'AMOUR

Quand je parlerais les langues des hommes et des anges, si je n'ai pas d'amour, je ne suis rien de plus qu'un métal qui résonne ou une cymbale bruyante. Quand j'aurais le don de prophétie, posséderais toute la connaissance et comprendrais tous les mystères, quand j'aurais une foi à transporter les montagnes, si je n'ai pas d'amour, je ne suis rien. Quand je distribuerais tous mes biens aux affamés, quand j'aurais la fierté de livrer mon corps aux flammes, si je n'ai pas d'amour, cela ne me sert de rien.

L'amour prend patience, l'amour rend service, il ne jalouse pas, ne se vante pas, ne plastronne pas, ne fait rien de honteux, ne cherche pas son intérêt, ne s'irrite pas, n'éprouve pas de rancune, ne se réjouit pas de l'injustice, mais

trouve sa joie dans la vérité. Il supporte tout, fait confiance en tout, espère tout, endure tout. L'amour ne disparaît jamais.
Les prophéties ? Elles seront abolies. Le don des langues ? Il cessera. La connaissance ? Elle sera abolie. En effet, nous ne connaissons les choses qu'incomplètement et nous ne prophétisons qu'incomplètement. Lorsque viendra la perfection, ce qui est incomplet sera aboli.
Lorsque j'étais enfant, je parlais comme un enfant, je raisonnais comme un enfant. Lorsque je suis devenu adulte, j'ai aboli ce qui est propre à l'enfant. À présent nous ne voyons qu'une image confuse, comme à travers un miroir ; à terme, ce sera face à face. Actuellement je ne connais qu'incomplètement ; à terme, je connaîtrai pleinement, comme je suis connu de Dieu. Désormais, donc, demeurent la foi, l'espérance et l'amour ; mais le plus grand des trois, c'est l'amour.
(1 Corinthiens 13,1-13)

Pour comprendre

Les charismes – ou dons spirituels – étaient nombreux dans la jeune Église de Corinthe. L'Esprit Saint octroyait à quelques-uns le don des langues, un don qui permet de louer Dieu à haute voix sans utiliser un idiome habituel. Paul lui-même le possédait.

L'Apôtre doit cependant réagir devant une survalorisation de ce don spectaculaire, qui ne contribue pas forcément à construire la communauté. D'autres dons sont plus utiles. Pour mettre les choses en place, il fournit une liste de charismes classés par ordre d'importance dans laquelle le don des langues est en dernière position : apostolat, prophétie, enseignement, miracles, guérison, assistance, conseil, langues (1 Co 12,28). Et puis, emporté par son élan, il nomme enfin un charisme qui dépasse tous les autres : l'amour de charité. Le passage dans lequel l'amour est mis en avant, au ton très emphatique, a peut-être eu une existence indépendante avant d'être intégré dans la 1re épître aux Corinthiens.

Lecture méditée

Nous avons là l'une des pages les plus connues des épîtres pauliniennes, souvent choisie lors des célébrations de mariage. C'est un beau programme pour un jeune couple, en effet. Il serait pourtant dommage d'en limiter la portée à l'amour conjugal.

On peut déjà s'étonner de voir Paul nommer l'amour – *agapè* en grec – dans le cadre d'une réflexion sur l'importance relative des charismes : l'apostolat, la prophétie, l'enseignement sont à la fois des dons et des fonctions ecclésiales. Avec l'amour, on change de registre. Car c'est un don qui ne correspond à aucune fonction précise et qui doit les animer toutes. Il les transcende. Être apôtre, prophète ou enseignant sans aimer, c'est d'une certaine façon se condamner à la stérilité. L'Église n'a que faire des fonctionnaires du culte. Aimer est accessible à tous et nécessaire à tous. Rien n'en dispense, aucune science, aucune générosité, aucun état de vie, aucun ministère ecclésial.

Paul établit un contraste fort entre la situation présente et ce qui se produira au terme. Actuellement, nous sommes en chemin. Nous marchons comme à tâtons, nous croyons et espérons en ce que nous ne pouvons voir. Nous sommes plongés dans l'incomplétude, l'inachèvement, le flou. Nous ne connaissons le monde dans sa réalité physique – la globalité du temps et de l'espace – que de façon très imparfaite. Et sur les réalités essentielles – Dieu et son dessein créateur – nous balbutions plus encore.

Nous n'approchons la Vérité avec un grand V que par la foi et l'espérance. L'une et l'autre sont des réalités pour le temps de la vie terrestre, dans l'attente d'une connaissance plus totale. Dans l'au-delà, nous n'aurons plus à croire ni à espérer.

Christian de Chergé, prieur des moines de l'Atlas, écrivait de ses assassins potentiels : « Ceux-là doivent savoir que sera enfin libérée ma plus lancinante curiosité. »

L'amour vaut pour ce temps-ci et pour les siècles des siècles. L'amour que Dieu nous porte ne cessera pas. Celui que nous lui portons dans le même mouvement que celui que nous portons à nos frères constitue comme le prélude de la vision béatifique par laquelle la création prendra en Dieu sa dimension d'éternité.

Si je puis aimer, c'est parce que Dieu m'aime et que son amour me traverse. Or cela ne cessera pas. « Amour » rime avec « toujours », dit-on volonticrs. C'est ce que Paul exprime avec des mots proches de ceux-là : *« L'amour ne disparaît jamais. »*

Une réalité aussi haute dépasse évidemment les formulations pauliniennes. Chaque auteur du Nouveau Testament parle de l'amour à sa manière. Saint Matthieu, dans la grande fresque du Jugement dernier, montre le Fils de l'Homme disant à ceux qui ont aimé leurs frères par des gestes dont ils ne saisissaient pas forcément la portée : « Ce que vous avez fait au plus petit d'entre les miens, c'est à moi que vous l'avez fait » (Mt 25,40). L'amour sur lequel il insiste est un amour en actes. Ce n'est pas seulement un sentiment.

Saint Jean, dans sa première épître, énonce

de façon très synthétique : « Dieu est amour » (1 Jn 4,16). Ce n'est pas une définition de Dieu – Dieu est au-delà de toute définition – mais cela nous fait comprendre qu'en aimant nous pouvons pénétrer dans le cœur même de Dieu et qu'il y a là une richesse que personne ne pourra nous ravir. La continuité entre le monde terrestre et le monde divin a rarement été exprimée de façon aussi convaincante.

Les propos de Paul sur l'amour de charité constituent un complément utile à l'une de ses affirmations fondamentales, à savoir que l'on est sauvé par la foi. La foi qui n'agirait pas par l'amour serait une foi morte. Et l'amour qui se réduirait à un simple sentiment ne serait qu'une illusion. Dieu appelle à un engagement total, débouchant sur des comportements concrets.

Une prière

Nous savons, Seigneur, que nous serions incapables d'aimer si l'amour n'avait sa source en toi. Donne-nous de nous alimenter à cet amour et de nous laisser traverser par lui. Nous pourrons ainsi aimer nos frères comme tu les aimes toi-même, sans réserve et sans conditions.

Donne-nous de considérer l'amour comme le meilleur des charismes et la plus haute des fonctions. Sans lui tout talent, tout ministère, toute responsabilité, toute activité sont condamnés à la vanité et à la stérilité.

Nous te confions, Seigneur, tous ceux qui s'engagent, dans le mariage ou le célibat, sous le signe de l'amour.

OSER CROIRE EN NOTRE RÉSURRECTION

Mais, demandera-t-on : Comment les morts ressuscitent-ils? Quelle sorte de corps auront-ils? – Insensé! Toi-même, ce que tu sèmes ne prend pas vie si ça ne meurt pas. Et ce que tu sèmes n'est pas le corps de la plante qui poussera, mais un grain nu, peut-être de blé, ou une autre semence. Puis Dieu lui donne corps comme il le veut et, à chaque semence, de façon particulière.
Aucune chair n'est identique à une autre : autre est la chair des humains, autre la chair des animaux, autre la chair des oiseaux, autre celle des poissons. Il y a aussi des corps célestes et des corps terrestres, et ils n'ont pas le même éclat. Autre est l'éclat du soleil, autre l'éclat de la lune, autre l'éclat des étoiles; une étoile, même, n'a pas le même éclat qu'une autre étoile.

C'est la même chose pour la résurrection des morts. On est semé corruptible, on ressuscite incorruptible. On est semé dans la misère, on ressuscite avec l'éclat de la gloire. On est semé dans la faiblesse, on ressuscite plein de force. On est semé corps animal, on ressuscite corps spirituel.
(1 Corinthiens 15,35-44)

Pour comprendre

Les Corinthiens, tout croyants qu'ils étaient, avaient du mal à croire en la résurrection : celle du Christ et celle des humains. Ce type de doute ne date pas d'aujourd'hui. Paul répond à leurs interrogations en deux temps. Il rappelle d'abord la longue liste des témoins qui ont vu Jésus vivant après sa mort en croix. Il ose ensuite aborder la question du *« comment »*. Car, si nous doutons de la résurrection, c'est bien, en partie, parce que nous ne parvenons pas à nous représenter comment nous serons et ce qui se passera.

Avec prudence et sagesse, plutôt que de tenter de décrire l'état des ressuscités, il utilise un langage parabolique : l'image de la graine semée en terre et de la plante qui en sort.

Lecture méditée

Si l'on veut semer le doute à propos de la vie après la mort, rien de tel que d'essayer de la décrire. Toutes les représentations que nous pouvons imaginer sont minables : autant la cour céleste, que les concerts joués par les anges et le séjour dans le sein d'Abraham… Notre incapacité d'imaginer les choses ne doit pourtant pas conduire à les nier.

L'image de la graine et de la plante est parlante. À supposer qu'une graine mise en terre soit douée de pensée, elle serait absolument incapable de s'imaginer comment elle sera lorsqu'elle aura germé, ainsi que la beauté du monde dans lequel elle poussera : le ciel bleu, les plaines et les montagnes, les arbres, les oiseaux et les fleurs. Et pourtant, c'est bien cette graine qui donnera naissance à la plante, une plante entièrement contenue en elle et entièrement autre. Il en est de même pour nous : ne connaissant que le monde terrestre dans lequel nous vivons, nous passerons après notre mort dans une autre dimension, absolument inimaginable.

Pourquoi alors parler de résurrection et pas seulement de survie de l'âme? – Parce que c'est toute notre personne qui survivra, pas seulement un principe vital qui se fondrait dans un grand tout. C'est cela qu'exprime le vocabulaire du corps.

Nous sommes des êtres en relation : relation avec Dieu, relation avec nos frères et l'ensemble du monde créé. À l'exemple de ce qui se produisit pour Jésus, notre être tout entier et les relations qui le constituent sont destinés à être transfigurés. Telle est l'espérance chrétienne.

La vie végétative vient de Dieu, mais elle se transmet d'un mortel à un mortel. Telle est la loi de la nature. Telle est aussi la loi de la grâce. Jésus l'énonça avec force, quelques jours avant sa mort : « En vérité, en vérité, je vous le dis : si le grain de blé qui tombe en terre ne meurt pas, il reste seul; mais s'il meurt, il porte du fruit en abondance » (Jn 12,24).

Paul se réfère à la même image de la graine et de la plante qui en sort, non pas, comme chez Jean, pour affirmer la nécessité de la Passion, mais pour rendre compte de notre espérance. Si nous ne mourions pas, la terre serait surpeuplée et deviendrait vite inhabitable. Mais si notre vie mortelle ne débouchait pas sur un avenir, quel serait le sens de notre foi en un Dieu amour?

L'amour dont nous sommes aimés et celui que nous sommes modestement capables de donner ne peuvent pas mourir définitivement. Un de mes amis s'interrogeait, lors des obsèques d'une personne qui s'était beaucoup donnée : « Comment tant d'amour pourrait-il disparaître? » Paul exprime la même chose autrement : *« Si nous avons mis notre espérance en Christ pour cette vie seulement, nous sommes les plus à plaindre de tous les hommes* » (1 Co 15,19).

Peu importe comment notre résurrection se produira, et sous quelle forme nous vivrons ensuite. Peu importe, même de savoir si nous retrouverons nos amis et nos parents. Ressuscités, nous serons pleinement nous-mêmes tels que nous nous sommes construits au cours de notre vie terrestre, et touchés par un immense pardon. Le reste est second. Le Dieu dans lequel croient les chrétiens est bien capable de trouver les formes les meilleures pour continuer de nous manifester son amour et pour que nous soyons pleinement heureux. Nous pouvons lui faire totalement confiance.

Quant à savoir quand notre résurrection aura lieu, là encore les questions fusent. Sera-ce dès notre mort ? Ou faudra-t-il attendre les derniers temps et le jugement dernier ? Les théologiens n'ont pas tous répondu de la même façon à ces interrogations, légitimes mais quasiment insolubles. Au-delà de la mort, y a-t-il un avant et un après ? Quel serait le sens d'une situation d'attente ?

Là encore, à vouloir trop se représenter les choses, on construit des récits imaginaires, proches du mythe. Interrogé par les chrétiens de Thessalonique, Paul est resté évasif et s'est limité, tout comme Jésus, à affirmer que le moment de la fin ne peut pas être prédit : « *Quant aux temps et aux moments, frères, vous n'avez pas besoin qu'on vous en écrive. Vous-mêmes le savez parfaitement : le Jour du Seigneur vient comme un voleur dans la nuit* » (1 Th 5,1-2).

Les maîtres mots sont là : vigilance et confiance. Nous interroger indéfiniment sur les circonstances ne pourrait conduire qu'à nous détourner de l'essentiel.

Une prière

Nous nous confions à toi, Père, avec toutes les questions qui nous habitent. Beaucoup tournent autour du « comment ». La réponse est souvent du domaine de la science. Mais la science est muette lorsqu'il s'agit de l'après-mort et des mondes qu'elle ne peut appréhender. Donne-nous à la fois la curiosité de pousser les questions jusqu'au bout, et l'humilité de reconnaître qu'il n'y a pas de réponse à tout.

Donne-nous aussi de faire le passage du « comment » au « pourquoi », qui nous conduit à approfondir le sens, et nous ouvre à la transcendance.

Renforce notre espérance en la résurrection, bien qu'elle soit une vérité difficile à croire. Ton

Fils en a montré la réalité, et ses témoins ont osé proclamer ce message de feu pour qu'il parvienne jusqu'à nous, certains au prix de leur sang.

Que ton Esprit suscite notre vigilance, et qu'il nous aide à mettre en toi notre confiance.

TENIR SA FORCE DE DIEU

Dans notre prédication, ce n'est pas nous-mêmes que nous prêchons, mais Jésus Christ comme Seigneur; quant à nous, nous sommes vos serviteurs à cause de Jésus. Dieu a dit autrefois : « Que la lumière brille au milieu des ténèbres. » Eh bien, c'est lui aussi qui a brillé dans nos cœurs, pour faire resplendir la connaissance de sa gloire qui rayonne sur le visage du Christ.
Mais ce trésor, nous le portons en nous comme en des vases d'argile, pour qu'il soit clair que cette puissance incomparable vient de Dieu et non de nous.
Nous sommes pressés de toute part, mais non pas écrasés; inquiets mais non pas désespérés; persécutés, mais non pas abandonnés, jetés à terre mais non pas anéantis; portant sans cesse et partout l'agonie de Jésus dans notre corps,

afin que la vie de Jésus soit aussi manifestée dans notre corps. Toujours, en effet, nous les vivants, nous sommes livrés à la mort à cause de Jésus, afin que sa vie soit aussi manifestée dans notre chair mortelle.
(2 Corinthiens 4,5-11)

Pour comprendre

Depuis sa première épître à l'Église de Corinthe, Paul a vu sa légitimité d'apôtre contestée sur place par des prédicateurs venus de l'extérieur, sans doute partisans d'une pratique plus stricte de la loi juive, et se prétendant plus qualifiés que lui pour porter le message évangélique. On l'en a informé.

Sa seconde épître est une réaction à cette situation. Le ton est pour une part celui de l'autodéfense passionnée. L'Apôtre met les points sur les i : ce n'est pas lui-même qu'il prêche, c'est le Seigneur Jésus ressuscité; et, pour ce faire, il n'hésite pas à payer de sa personne.

Lecture méditée

On a parfois reproché à Paul son manque de modestie. Il est vrai qu'il n'hésite pas à se vanter et à revendiquer son excellence face à ses adversaires : *« Ils sont Hébreux ? Moi aussi ! Israélites ? Moi aussi ! De la descendance d'Abraham ? Moi aussi ! Ministres du Christ ? Je vais dire une folie : moi bien plus qu'eux ! »* (2 Co 11,22-23). Mais ce serait lui faire un mauvais procès que de lui reprocher un véritable orgueil. Il a conscience d'avoir été saisi par un autre, le Christ, de ne plus s'appartenir, et de n'avoir pas d'autres qualités que celles qu'il reçoit à travers sa foi.

Physiquement parlant, d'ailleurs, il avait sans doute assez peu de prestance. Il savait qu'on le lui reprochait, et il le rappelle à ses destinataires, toujours dans cette seconde épître aux Corinthiens au ton très vif : *« Ses lettres – dit-on – ont du poids et de la force ; en revanche, une fois présent, il est faible et sa parole est nulle ! »* (2 Co 10,10).

L'image qu'il utilise pour souligner le contraste entre la qualité du message dont il est porteur et la faiblesse de celui qui le porte est parlante : l'apôtre est comme une poterie sans valeur contenant un trésor. Les trésors, on les plaçait en général dans des chambres fortes ou des coffres garnis de nombreuses ferrures, dignes de leur contenant et capables de les protéger. Mais pour lui et pour la plupart des évangélisateurs, c'est tout le contraire. Dieu a osé confier son message à des gens fragiles, souvent peu brillants, éventuellement couards, comme le fut saint Pierre au moment de la

Passion. Le risque qu'ils volent la vedette à celui qu'ils annoncent est alors relativement faible.

Ce choix de Dieu est d'ailleurs cohérent avec celui qu'il a fait du peuple d'Israël pour faire alliance avec lui, comme l'expriment ces paroles placées dans la bouche de Moïse au temps de l'Exode : « Si le Seigneur s'est attaché à vous et vous a choisis, ce n'est pas parce que vous étiez un peuple plus nombreux que les autres. En fait, vous êtes un peuple peu nombreux par rapport aux autres, mais le Seigneur vous aime... » (Dt 7,7-8).

Porteur d'un tel trésor, le vase d'argile se trouve cependant avoir une résistance dont il s'étonne lui-même. Dans son apostolat, Paul a connu de nombreuses épreuves et fait l'expérience de sa fragilité. Pourtant, et c'était chaque fois presque un miracle, il s'en est toujours sorti, sans doute parce que le Seigneur ne voulait pas que le message soit perdu. D'où les multiples situations périlleuses auxquelles il a échappé et dont il donne la liste avec une certaine complaisance : *« Cinq fois j'ai reçu des Juifs la série des trente-neuf coups, trois fois j'ai été flagellé, une fois lapidé, trois fois j'ai fait naufrage, j'ai passé un jour et une nuit sur l'abîme de la mer »* (2 Co 11,24-25).

Dans une existence aussi engagée que la sienne, les forces de la mort sont omniprésentes, mais elles cèdent chaque fois le pas devant une plus grande force, à savoir la vitalité qui vient de Jésus et qui permet de tenir debout alors que tout semble se liguer pour que la personne soit abattue.

Peu d'entre nous avons une expérience apostolique aussi riche que celle de Paul. Cela n'empêche pas que, dans des proportions moindres, nous puissions expérimenter la vigueur de Dieu en nous et la puissance de son Esprit. Paul se comparait à un vase d'argile portant un trésor. Nourri de La Fontaine, je me compare parfois à un âne portant des reliques. Et si les salutations des badauds se font trop dans ma direction, il me revient de rendre à chacun son dû : je n'y suis pour rien, ou à peu près. C'est l'Évangile que je porte. Et je sais que ma force est celle de l'Esprit Saint, non la mienne.

Il est alors normal de compter sur elle. Je le fais spontanément lorsque je sais que je vais me trouver dans une situation difficile ou éprouvante, par exemple lorsque se profile la rencontre d'une personne gravement atteinte par le deuil ou la maladie. Je prie intensément avant l'événement, mets toute ma personne à la disposition de Dieu, et lui demande d'inventer pour moi les paroles et les gestes qui conviendront et seront porteurs de son message. Je ne suis plus alors que son instrument.

Le Dieu amour ne se refuse pas à celui qui l'implore. Il tire parti de notre faiblesse et de notre fragilité.

Une prière

Dans notre monde, Seigneur, la fragilité n'a pas bonne presse. Autour de nous, tout et tous valorisent la force, la puissance, le pouvoir. L'éducation elle-même a pour fonction de donner des moyens intellectuels, psychologiques, professionnels.

Nous savons pourtant que ces moyens-là sont de peu de poids pour le témoignage évangélique. Plus on est équipé, plus il est difficile de s'effacer devant celui dont on prétend porter le message. Ainsi choisis-tu souvent pour te servir des personnalités fragiles et démunies.

Donne-nous de reconnaître nos limites sans être découragés, et de connaître celles des autres sans les mépriser. C'est le chemin de l'humilité authentique.

Donne-nous de nous ménager de longues rencontres avec toi afin de nous emplir de ta force, et de savoir te rendre grâce pour tout ce que nous recevons.

Tu es béni, Seigneur, toi qui as un amour préférentiel pour les pauvres et les petits.

NE JAMAIS DÉSESPÉRER DU PARDON

L'amour du Christ nous domine, nous qui estimons qu'un seul est mort pour tous et donc que tous sont morts. Il est mort pour tous afin que ceux qui vivent ne vivent plus pour eux-mêmes, mais pour celui qui est mort et ressuscité pour eux.
Voilà pourquoi nous ne considérons plus personne d'une manière purement humaine. Même si, autrefois, nous avons considéré le Christ de manière humaine, maintenant nous ne le considérons plus ainsi. Dès que quelqu'un est uni au Christ, il est une créature nouvelle ; ce qui est ancien est passé, ce qui est nouveau est là.
Tout vient de Dieu qui nous a réconciliés avec lui par le Christ et nous a confié le ministère de la réconciliation. Car, par le Christ, Dieu

agissait pour réconcilier tous les humains avec lui sans leur imputer leurs fautes, et il a placé en nous la parole de la réconciliation. C'est pour le Christ que nous sommes en ambassade et, par nous, c'est Dieu lui-même qui vous adresse un appel : au nom du Christ, nous vous en supplions, laissez-vous réconcilier avec Dieu !
Celui qui n'avait pas connu le péché, il l'a pour nous identifié au péché afin que, par lui, nous soyons justes devant Dieu. Puisque nous sommes à l'œuvre avec lui, nous vous exhortons à ne pas laisser sans effet la grâce reçue de Dieu. Dieu déclare en effet : « Au moment favorable, je t'ai exaucé ; et au jour du salut, je suis venu à ton secours. » Eh bien c'est maintenant le moment favorable ; c'est maintenant le jour du salut !
(2 Corinthiens 5,14 – 6,2)

Pour comprendre

Paul n'était pas membre du groupe des Douze, mais son rôle d'évangélisateur lui a valu le titre d'apôtre, un titre qu'il revendiquait face à ses détracteurs et que l'Église a confirmé. Lorsque l'on parle de l'Apôtre avec un grand A, c'est de Paul qu'il s'agit. Sa qualité d'apôtre lui ayant été contestée par des fauteurs de trouble venus à Corinthe où il avait pourtant planté l'Évangile, il consacre un long développement au ministère apostolique dans la 2e épître aux Corinthiens.

Parmi les charges de ce ministère figure la réconciliation. On ne sait pas comment elle était célébrée – le sacrement a beaucoup évolué au cours des siècles – mais la fréquence du thème dans le Nouveau Testament montre que c'était un acte important de la vie ecclésiale. Elle a d'autant plus sa place dans la correspondance entre Paul et les chrétiens de Corinthe que ceux-ci se sont laissé écarter de la voie droite et qu'ils ont besoin de restaurer leur relation avec Paul et avec Dieu.

Lecture méditée

Christ étant mort pour nous, nous vivons pour lui. Nous sommes morts à quelque chose, notamment à celui en nous que Paul appelle *« le vieil homme »,* c'est-à-dire tout autant le pécheur notoire que la personne qui, de façon plus commune, s'accroche à des objets sans valeur essentielle et résiste aux appels venus de Dieu. Un disciple du Christ est une *« créature nouvelle ».* L'accès à la foi est comme une re-création.

La loi de la nature a alors à être dépassée par une autre loi qui n'en est pas vraiment une : la loi de la grâce. Nous ne cessons pas d'être des êtres physiques, mais nous pouvons l'être autrement. Cela a des conséquences sur notre comportement et sur notre regard.

Dans la vie de Paul, le passage entre la vie ancienne et la vie nouvelle s'est produit sur le chemin de Damas, lorsque le Christ l'a saisi. Auparavant, il connaissait le Christ *« à la manière humaine »*, comme tout Juif qui ne l'avait pas rencontré de près et qui était surtout sensible aux libertés qu'il avait prises pas rapport à la Loi et au Temple de Jérusalem. Ni lui ni ses disciples ne méritaient d'égards. Jésus, considéré par quelques fanatiques comme le Messie d'Israël, avait été mis à mort par les Romains, et c'était bien ainsi. Il restait quelques-uns de ses disciples. Il fallait les faire taire. Paul avait été persécuteur.

Et puis un jour, alors qu'il se rendait à Damas pour régler leur compte aux derniers disciples de ce faux Messie, Paul avait été saisi. Une nouvelle vie s'était ouverte devant lui. Sa conversion, sa vocation, sa réconciliation – on hésite sur le terme – avait été déterminante. Lui-même était réconcilié avec le Christ. Il était alors particulièrement bien placé pour être ministre de la réconciliation, notamment auprès des Corinthiens dont les fautes étaient, somme toute, légères par rapport aux siennes lorsqu'il était persécuteur.

On n'est jamais mieux ministre de quelque

chose que lorsqu'on a soi-même bénéficié de ce que l'on célèbre. Tous les ministres du sacrement de la réconciliation devraient se remémorer cela avant de donner le pardon sacramentel. Ils sont eux-mêmes, d'abord et avant tout, des pécheurs réconciliés, non pas des censeurs ou des juges. Un confesseur est un frère qui manifeste, au nom du Christ, le pardon à un autre frère. Il ne peut légitimement le regarder de haut.

Ayant lui-même le point de vue du ministre, Paul ne néglige pourtant pas celui du pécheur ou du pénitent. Ce dernier peut venir au pardon avec confiance, sans réserve et sans peur d'être rejeté. L'appel que Paul lance aux Corinthiens – et à travers eux à tous les pécheurs – est particulièrement solennel : *« Au nom du Christ, nous vous en supplions, laissez-vous réconcilier avec Dieu ! »*

Ce message retentit comme une bonne nouvelle aux oreilles de ceux qui se sentent trop enfoncés dans le péché pour espérer être pardonnés. Or, le pardon divin est toujours possible. Il n'est jamais trop tard pour se convertir.

Beaucoup de prêtres ont rencontré dans leur ministère des personnes trop déçues d'elles-mêmes pour oser espérer un pardon : « J'ai trop fait de mal. Dieu ne me pardonnera jamais… » Ces termes, ou des aveux proches de ceux-ci, sont courants. Il est fondamental de les démonter. Le Dieu biblique est toujours prêt à accorder son pardon, quelle que soit la gravité de ce que l'on a fait. Relisons la parabole de l'Enfant prodigue qui revient à la maison familiale pour des raisons purement intéressées et qui reçoit un accueil royal de la part de son père (Lc 15). Et le cri lancé par Paul est du même type.

Il l'appuie sur une citation d'Isaïe : « Au moment favorable, je t'ai exaucé; et au jour du salut je suis venu à ton secours » (Is 49,8). Ce moment favorable n'est ni à reléguer dans le passé – bien qu'il ait été annoncé originellement à propos du retour de l'Exil – ni à rejeter dans un futur lointain et incertain. C'est maintenant. Il n'y a pas de raison de différer.

Une prière

Nous te rendons grâce, Seigneur, pour la force du pardon évangélique. Son annonce est tellement inouïe que nous osons à peine y croire et que nous nous laissons submerger par le compte de nos péchés, comme si chacun devait être réparé pour que ton pardon nous atteigne. Mais ta bonté est sans calcul.

Donne-nous de ne jamais nous considérer comme des pécheurs impardonnables. Y compris lorsque la justice humaine doit faire son œuvre, il existe une autre justice, la tienne, qui n'est pas de type judiciaire. Donne-nous de ne jamais désespérer du pardon pour nous-mêmes et pour nos frères.

Béni es-tu, Seigneur, Dieu du don et du pardon.

AGIR EN PLEINE LIBERTÉ

C'est pour que nous soyons vraiment libres que Christ nous a libérés. Tenez bon, donc, et ne vous laissez pas remettre sous le joug de l'esclavage.
Moi, Paul, je vous le dis : si vous vous faites circoncire, le Christ ne vous servira plus de rien. Et je l'atteste à nouveau à tout homme qui se fait circoncire : il a alors le devoir d'obéir à la loi tout entière. Si vous placez votre justice dans la loi, vous avez rompu avec le Christ; vous êtes déchus de la grâce.
Quant à nous, c'est par l'Esprit et en vertu de notre foi que nous attendons et espérons d'être rendus justes. Car, pour celui qui est uni au Christ Jésus, être circoncis ou ne pas l'être n'a pas d'importance; ce qui importe, c'est la foi agissant par l'amour.
(Galates 5,1-6)

Pour comprendre

Les Galates étaient un peuple de même origine que les Gaulois, installé au centre de l'Asie Mineure. Leurs voisins, nourris de culture grecque, les considéraient comme des rustres. En traversant leur pays au cours de son second voyage, Paul a dû s'arrêter chez eux parce qu'il était tombé malade. Ils l'ont bien soigné. Avant de repartir, il leur a apporté l'Évangile.

Depuis le départ de l'Apôtre, pourtant, d'autres prédicateurs ont tenté de corriger l'Évangile que prêchait Paul et d'imposer aux Galates la loi juive, y compris la circoncision. Informé, Paul rédigea son épître aux Galates pour ramener les destinataires au véritable Évangile du Christ.

Lecture méditée

Les Juifs du Ier siècle utilisaient volontiers l'image du joug pour désigner la loi juive. Le terme n'était pas péjoratif. Jésus lui-même l'avait utilisée à propos de son enseignement : « Prenez sur vous mon joug et mettez-vous à mon école, car je suis doux et humble de cœur, et vous trouverez le repos pour vous-mêmes. Oui, mon joug est facile à porter, et mon fardeau, léger » (Mt 11,29-30).

Paul reprend l'image, mais en insistant sur le caractère contraignant du joug que l'on impose aux animaux de trait. Le joug constitué par les préceptes de la loi juive rend esclave de cette loi. Or, les disciples du Christ ont choisi un autre maître : le Christ. Et, comme le disait Jésus : « Nul ne peut servir deux maîtres » (Lc 16,13).

Entre la loi juive et le Christ, il faut donc choisir. C'est un choix que Paul a dû faire lui-même, né sujet de la loi et ayant pris ses distances par rapport à elle en devenant serviteur du Christ. À plus forte raison les Galates n'ont pas à en observer les préceptes, pas plus la circoncision que les autres, eux qui ne sont pas nés juifs. Cela n'implique pas que la loi juive n'ait plus de valeur. Mais elle n'est pas, pour les chrétiens, un code à observer.

Ce qui vaut pour la loi juive, la plus sacrée des lois, vaut, selon Paul, pour toute loi. La morale chrétienne n'est pas faite – quoi qu'on en pense souvent – d'obéissance à des préceptes. Il est bon de rappeler, à ce propos, que Paul, pour être plus indépendant des Églises qu'il avait fondées, gagnait sa vie en travaillant de ses mains, alors que Jésus lui-même avait ordonné à ses disciples de se laisser entretenir par les personnes auprès desquelles ils prêchaient, « mangeant et buvant ce que l'on vous donnera, car le travailleur mérite son salaire » (Lc 10,7).

« *C'est pour que nous soyons vraiment libres, que Christ nous a libérés.* » Cette phrase est une des expressions les plus fortes d'une liberté chrétienne fondamentale. La seule règle qui ait un certain caractère d'absolu, c'est « la foi agissant par l'amour ». Paul, dans l'épître aux Galates, appelle cela *« la loi du Christ »*, en ce sens que l'exemple du Christ est la seule loi digne de ce nom (Ga 6,2).

Le principe est fondamental. Il faut cependant reconnaître que l'application n'en est pas facile. Les règles sont structurantes, et l'anarchisme est assez peu compatible avec l'exigence de l'amour.

Ce qui constitue la différence la plus nette entre l'éthique chrétienne et l'obéissance à une loi est, semble-t-il, le fait que, selon l'Évangile, le bien et le mal ne sont pas délimités par une ligne séparant la droite de la gauche, où d'un côté se trouverait le bien et de l'autre, le mal. Le bien ne consiste pas à agir dans les règles, ni le mal à y déroger. Personne n'est juste parce qu'il respecte la loi et se repose sur cette assurance. La morale chrétienne est une morale de l'appel, un appel à toujours mieux répondre aux potentialités que Dieu à mises en nous, à toujours progresser dans l'amour. Le bien, comme le Royaume de Dieu, est toujours en avant.

L'épisode évangélique qui illustre le mieux cette exigence est l'histoire de l'homme riche, rapportée par les trois évangiles synoptiques. Au moment où il rencontre Jésus, ce riche, désireux de bien faire, a déjà parfaitement observé la loi. Sa réponse à Jésus qui lui a rappelé quelques commandements du Décalogue l'atteste : « Maître, tout cela je l'ai gardé dès ma jeunesse. » Alors Jésus lance son invitation : « Une seule chose te manque : va, vends ce que tu as, donne-le aux pauvres, et tu auras un trésor dans le ciel; puis viens et suis-moi » (Mc 10,20-21).

L'appel de Jésus n'est pas un commandement adressé à toute personne de vendre ses biens et de les donner aux pauvres. C'est une invitation adressée à cet homme-là, en tenant compte de tout ce qu'il est et a déjà fait jusqu'ici. Pour lui, c'était cela le chemin du Royaume. Or, comme on le sait, l'homme n'a pas répondu et s'en est allé tout triste. Au regard de la loi, il n'était pas en faute. Et pourtant...

Le risque d'une morale fondée sur une loi est que celui qui l'observe peut s'estimer irréprochable, sans compter qu'il peut aussi mépriser ceux qui ne l'observent pas. Jésus dénonça ce travers chez certains Pharisiens. Jésus puis Paul ont substitué à une morale de ce type-là une morale qui appelle toute personne à faire un pas de plus sur le chemin de l'exigence. Cela permet de toujours progresser, et empêche de classer les gens en justes et pécheurs. Respecter la loi ne garantit pas que l'on est juste. L'enfreindre n'est pas à confondre avec le péché.

Toute décision importante suppose alors un discernement. Un frère en qui l'on a confiance peut aider à le faire. Une fréquentation régulière de la Parole et des sacrements permet de s'ouvrir à l'Esprit Saint et d'avoir dans l'intelligence et le cœur une sagesse qui permet d'agir en homme libre, comme le furent Jésus et Paul.

Une prière

Seigneur Jésus, notre esprit et notre cœur sont souvent pleins de contradictions. La liberté, souvent nous la désirons. Souvent aussi elle nous fait peur, nous ne savons pas comment la gérer, et nous sommes alors prêts à nous réfugier sous l'autorité de gourous ou de règlements qui penseront pour nous et nous dicteront ce que nous devons faire.

Toi qui, par ta mort et ta résurrection, nous a libérés de toute forme d'esclavage, donne-nous le courage de vouloir être vraiment libres, et la sagesse pour y parvenir.

Donne-nous aussi de mener le combat pour la liberté de tant d'hommes et de femmes qui en sont privés.

MOURIR DANS LES EAUX DU BAPTÊME

Nous faut-il demeurer dans le péché afin que la grâce abonde ? – Absolument pas ! Puisque nous sommes morts au péché, comment pourrions-nous vivre encore en lui ?
Ou bien ignorez-vous que nous tous, qui avons été baptisés dans le Christ Jésus, c'est dans sa mort que nous avons été baptisés ? Par le baptême dans sa mort nous avons été ensevelis avec lui afin que, comme Christ est ressuscité des morts par la gloire du Père, nous menions nous aussi une vie nouvelle.
Car si nous avons été totalement unis, assimilés à sa mort, nous le serons aussi à sa résurrection. Comprenons bien ceci : notre vieil homme a été crucifié avec lui pour que soit détruit ce corps de péché et qu'ainsi nous

ne soyons plus esclaves du péché. Car celui qui est mort est libéré du péché.
Or, si nous sommes passés par la mort avec Christ, nous croyons que nous vivrons aussi avec lui. Nous savons que Christ ressuscité des morts ne meurt plus ; la mort ne le domine plus. Car celui qui est mort, c'est au péché qu'il est mort une fois pour toutes ; vivant, c'est pour Dieu qu'il vit.
De même, vous aussi, considérez que vous êtes morts au péché et vivants pour Dieu dans le Christ Jésus.
(Romains 6,1-11)

Pour comprendre

L'épître aux Romains, la plus longue et la plus élaborée des épîtres pauliniennes, rend compte d'une conviction centrale pour Paul : c'est Dieu qui rend juste, cette justice nous a été acquise par la mort et la résurrection de Jésus, et nous nous l'approprions par la foi. Plus le péché des humains a été grand, plus est intervenue la grâce divine. Une affirmation résume ce paradoxe : « *Là où le péché a proliféré, la grâce a surabondé* » (Rm 5,20). On voit aussitôt le parti que des esprits pervers peuvent en tirer : faudrait-il donc demeurer au maximum dans le péché pour que la grâce agisse davantage ?

La réponse de Paul est catégorique : « *Absolument pas.* » À l'appui de son raisonnement, il avance un argument tiré du rite du baptême. Par le baptême, on est mort avec le Christ et mort au péché. On est donc théoriquement sorti de sa sphère d'influence.

Lecture méditée

L'élément principal du rite baptismal est l'eau. Son symbolisme est très riche. L'eau purifie : par le baptême on est lavé du péché et de toutes ses impuretés. L'eau abreuve et permet la vie : par le baptême on entre dans la vie spirituelle et dans le groupe qui en est porteur, l'Église.

Mais l'eau a aussi une autre signification, que l'on a parfois tendance à oublier jusqu'à ce qu'une catastrophe naturelle la rappelle avec violence : l'eau tue. Jésus a utilisé cette valeur symbolique, et Paul l'a reprise. Étymologiquement parlant, « baptiser » veut dire « plonger ». Jésus demandait à Jacques et Jean qui recherchaient de bonnes places dans son Royaume : « Pouvez-vous boire la coupe que je vais boire, ou être baptisés du baptême dont je vais être baptisé? » (Mc 10,38). C'est sa mort violente qu'il évoquait par les images de la coupe d'amertume et du baptême.

Paul affirme de façon proche : « *Nous tous qui avons été baptisés dans le Christ Jésus, c'est dans sa mort que nous avons été baptisés.* » Et pour bien marquer que ce n'est pas un simulacre de mort, il renforce l'image de la mort par celle de l'ensevelissement, quelque chose qui se passe sous la surface du sol, comme celui qui est plongé passe sous la surface de l'eau : « *Par le baptême dans sa mort nous avons été ensevelis avec lui.* »

Parmi les multiples significations du sacrement du baptême existe donc celle-ci : le baptême est un passage par la mort, mort avec le Christ qui mourut pour nous et nous entraîne dans le mouvement de la Passion et de la Résurrection. Il débouche sur la vie, certes, mais il serait peu honnête d'occulter le moment de la mort.

En quoi et à quoi le baptisé meurt-il ? Ce que Paul évoque en premier est le péché. C'est « *notre vieil homme* » qui a été crucifié avec Jésus. Le baptisé, s'il est adulte ou enfant d'âge scolaire, décide d'exclure le péché de sa vie. Il y succombera à nouveau, certes. Même le saint pèche sept fois par jour, dit un adage populaire. Mais il essaiera autant que possible de l'éviter. Le programme est exigeant.

Une autre façon de mourir en cohérence avec son baptême est de ne pas chercher d'abord à préserver sa vie, mais à la risquer pour les autres, comme le fit Jésus : « Qui veut sauver sa vie la perdra – affirmait-il aux foules et à ses disciples après la première annonce de la Passion. Mais celui qui la perd à cause de moi et de l'Évangile la sauvera » (Mc 8,35). La vie chrétienne est tout entière habitée par le mouvement pascal : on ne va pas de la vie à la vie par les chemins les plus courts ou les plus confortables. Le disciple est invité à suivre son maître sur le chemin du dépouillement et du danger pour être entraîné par lui sur la route de la résurrection.

Cette signification du baptême ne concerne pas le seul baptisé. L'Église, qui plonge ses racines dans le sang des martyrs et qui dispense le baptême, doit elle-même être habitée par le mouvement pascal : si elle cherche à se sauver frileusement, si elle ne se lance pas dans des combats pour l'homme et pour Dieu où elle risque de perdre quelques plumes, elle est condamnée à la sclérose, à l'insignifiance, et elle meurt à petit feu. Elle doit se rappeler cela lorsqu'elle est tentée d'agir de façon trop prudente.

Une autre dimension de la plongée dans la mort, lorsque le baptême qui est célébré est celui d'un jeune enfant, concerne les parents. En présentant leur enfant au baptême, ils déclarent qu'il est enfant de Dieu avant d'être le leur, et ils abandonnent quelque chose de l'exclusivité parentale.

Le dépouillement baptismal, dont le tout petit n'est pas conscient, est alors vécu, comme par procuration, par ses parents. Ainsi le baptême d'un jeune enfant, s'il est assurément une fête, n'est pas simplement une célébration joyeuse et insouciante autour du petit. Sans pour autant dramatiser, il faut se rappeler que c'est un acte grave et intense.

Si nous sommes baptisés, nous sommes invités à renouveler chaque année les engagements de notre baptême : cela se fait au milieu de la nuit pascale, au moment où l'on célèbre avec le Christ que la vie selon l'Évangile est une vie donnée. Si nous ne sommes pas baptisés et que nous nous préparons à l'être, nous devons être conscients des morts par lesquelles il nous fera passer.

Une prière

Notre Pâque immolée, c'est toi, Seigneur Jésus. Tu nous as montré que le chemin de mort et de résurrection est celui de la vie véritable. Donne-nous d'inscrire nos vies dans le mouvement pascal, sans craindre pour elles.

Donne à l'Église de vivre toujours plus profondément l'exigence baptismale, et de se risquer dans les combats de l'humanité lorsque les droits de l'homme ou ceux de Dieu sont menacés.

Nous te prions pour ceux qui se préparent au baptême et pour les parents qui y présentent un enfant. Que leur attitude soit celle d'un véritable renoncement au péché et d'un dépouillement authentique.

ÊTRE SÛR DE LA VICTOIRE

Que dire de plus ? Si Dieu est pour nous, qui sera contre nous ? Lui qui n'a pas épargné son propre Fils mais l'a livré pour nous tous, comment pourrait-il, avec lui, ne pas nous donner tout ?
Qui accusera ceux que Dieu a choisis ? – C'est Dieu qui rend juste !
Qui condamnera ? – Le Christ Jésus est mort, bien plus il est ressuscité, il est à la droite de Dieu et il intercède pour nous !
Qui nous séparera de l'amour du Christ ? La détresse, l'angoisse, la persécution, la faim, le dénuement, le danger, le glaive, selon qu'il est écrit : « À cause de toi nous sommes mis à mort tout le jour, nous avons été considérés comme des brebis bonnes pour la boucherie » ?
– Mais en tout cela nous sommes plus que vainqueurs par Celui qui nous a aimés.

Oui, j'en ai la certitude : ni mort ni vie, ni anges ni pouvoirs, ni présent ni avenir, ni forces d'en haut ou d'en bas ni aucune autre créature, rien ne pourra nous séparer de l'amour que Dieu nous a manifesté en Jésus Christ notre Seigneur.
(Romains 8,31-39)

Pour comprendre

Il est habituel, dans la rhétorique antique, de terminer un discours par des paroles emphatiques qui reprennent les convictions principales exprimées précédemment par l'orateur. On appelle cela la péroraison. Paul respecte souvent cette pratique. Il conclut les huit premiers chapitres de son épître aux Romains par cette période enflammée au ton épique.

La citation qui se trouve vers le milieu est extraite du Psaume 44 (verset 12), une lamentation nationale après une défaite militaire d'Israël. Elle vient en illustration de la liste des maux auxquels une personne peut être exposée. Mais la victoire du Christ sur la mort exclut de la perspective chrétienne toute défaite définitive.

Lecture méditée

Le texte parle de lui-même. Qui pourra, après l'avoir lu, encore affirmer que Paul est pessimiste ? Il emporte le lecteur dans un élan auquel il est difficile de résister, un élan alimenté par l'amour immense que Dieu porte à sa création, manifesté de façon suréminente par son acceptation de voir son Fils injustement mis à mort sur le Golgotha. Mais le Père le rendit à la vie. Cet événement, qui eut sans doute lieu en l'année 30 de notre ère, est le pivot de l'espérance humaine. Il affirme que, au-delà des échecs temporaires ou apparents, toute personne humaine est destinée à vivre unie à Dieu dans la plénitude du bonheur.

Y a-t-il là simple emphase ? Paul essaie-t-il de se convaincre en utilisant la méthode Coué ? Il est normal que le lecteur éprouve de la méfiance vis-à-vis d'un discours qui peut lui sembler incantatoire et claironnant. Mais si celui qui embouche la trompette a expérimenté dans sa chair les victoires dont il se fait le héraut, il est alors qualifié pour parler. Mieux, il invite son lecteur ou son auditeur à faire lui-même l'inventaire des victoires qu'il a connues et dont il n'a peut-être pas suffisamment conscience.

Le premier événement dans lequel Paul a expérimenté l'amour divin est, sans conteste, sa rencontre avec le Ressuscité sur le chemin de

Damas. Il l'évoque dans l'épître aux Galates, en désignant Dieu par une périphrase qui exprime combien cette rencontre a été déterminante pour la suite : « *Celui qui m'a mis à part dès le sein de ma mère et m'a appelé par sa grâce a jugé bon de révéler en moi son Fils pour que je l'annonce parmi les païens* » (Ga 1,15-16). Le Juif très observant, acharné contre les disciples d'un faux prophète prétendument ressuscité, est devenu apôtre de ce Ressuscité par la révélation dont il a été bénéficiaire, et c'est tout le programme de son action apostolique qui s'est dessiné ce jour-là : l'annoncer parmi les païens.

La mission était telle que Paul en a plus tard décidé, au cours d'un séjour à Chypre si l'on en croit les Actes des Apôtres, de changer de nom : il a abandonné Saul, son nom juif, hommage au premier roi d'Israël qui, comme lui, appartenait à la tribu de Benjamin, pour se faire appeler par un sobriquet d'inspiration latine, Paulus (Paulos en grec), qui signifie « petit » (Ac 13,9). C'est désormais un homme petit et faible qui va s'attaquer à une montagne : annoncer Jésus ressuscité dans les villes de l'Empire romain. L'objectif semblait inatteignable, les difficultés ne manqueraient pas de s'accumuler, mais elles ont été vaincues une à une.

Il a d'abord fallu que Paul se fasse accepter par l'Église de Jérusalem, et cela n'a pas été sans peine. Il évoque également cela dans l'épître aux Galates, sa rencontre avec Pierre puis avec Jacques, le frère du Seigneur, qui avaient l'un et l'autre toutes les raisons de se méfier de cet excité, encore tout récemment persécuteur.

Puis ont commencé les voyages missionnaires, marqués par les difficultés matérielles que l'on sait. Mais le plus dur n'était pas là : on se représente sans peine l'angoisse que Paul a dû éprouver en s'attaquant à de grandes métropoles où tout était à faire. Imaginons-le arrivant à Corinthe, où se trouvait une petite colonie juive sur laquelle il allait pouvoir peut-être s'appuyer et, pour le reste, des centaines de milliers d'habitants très occupés, qui n'avaient rien à faire ni de Jésus ni de la résurrection. Comment s'y prendre ? Quel espoir d'aboutir avec ses propres forces ?

Et pourtant, environ deux ans plus tard, l'Église du Christ existait sur place, composée de Juifs et de non-juifs, incontestable réussite de son zèle apostolique. Dans chaque ville et d'une ville à l'autre n'ont manqué ni les angoisses, ni les persécutions, ni les dangers. Mais le résultat était là, qui lui permettait de s'interroger : *« Si Dieu est pour nous, qui sera contre nous ? »* L'amour de Dieu l'a accompagné tout au long de son entreprise.

À la suite de Paul, chacun est invité à relire, dans sa propre expérience, les moments où l'amour de Dieu l'a tiré d'un mauvais pas : une maladie d'où il s'est bien sorti, physiquement ou psychologiquement; un danger auquel il a échappé; une tentation d'abandon à laquelle il n'a finalement pas cédé.

Pour ma part, j'ai conscience d'avoir été protégé alors que je me trouvais en situation délicate ou que j'avais commis des imprudences. J'ai souvent été tenté de baisser les bras devant des difficultés qui me semblaient insurmontables, et il m'est arrivé de le faire. Mais chaque fois que je suis allé de l'avant, j'ai éprouvé combien l'amour de Dieu m'a porté. Si je n'aurais pas la forfanterie d'employer pour moi le mot « victoire », force m'est de constater que ce soutien m'a permis – jusqu'ici du moins – de ne pas éprouver trop durement les échecs, et de ne jamais désespérer : rien ne pourra me séparer de l'amour que Dieu a manifesté en Jésus Christ notre Seigneur.

Une prière

Pour faire de ce texte une prière, il suffit de le reprendre en l'adressant à Dieu, en disant « tu » chaque fois qu'il est nommé : « Que dire de plus? Si *tu* es pour nous, qui sera contre nous? *Toi* qui n'as pas épargné *ton* propre Fils mais l'*as* livré pour nous tous, comment *pourrais-tu,* avec lui, ne pas nous donner tout? Qui accusera ceux que *tu as* choisis? – C'est *toi qui rends* juste! » Etc.

S'UNIR À ISRAËL

En Christ je dis la vérité, je ne mens pas, par l'Esprit Saint ma conscience m'en rend témoignage : mon cœur est plein d'une grande tristesse et d'une douleur incessante.
Je souhaiterais être maudit, être moi-même séparé du Christ pour mes frères, ceux de ma race selon la chair, à savoir les fils d'Israël.
C'est à eux qu'appartiennent l'adoption, la gloire, les alliances, la loi, le culte, les promesses et les patriarches; c'est d'eux que, selon la chair, est issu le Christ, lui qui est au-dessus de tout, Dieu béni éternellement. Amen.
(Romains 9,1-5)

Pour comprendre

Paul vient de terminer un long développement de l'épître aux Romains, commandé par la conviction que la mort et la résurrection de Jésus ont ouvert une nouvelle période dans l'histoire religieuse du monde. Il l'avait annoncée ainsi : *« Maintenant, indépendamment de la loi, la justice de Dieu a été manifestée; la loi et les prophètes lui rendent témoignage. C'est la justice de Dieu par la foi en Jésus Christ pour tous ceux qui croient »* (Rm 3,21-22). La question se pose alors naturellement : qu'en advient-il pour Israël, peuple de la loi et de l'alliance? Paul la pose et y consacre trois chapitres de son épître, les chapitres 9 à 11.

La question n'est pas seulement pour lui théorique. Il est juif par toutes les fibres de sa chair, et solidaire du peuple auquel il appartient. Le fait que les Juifs dans leur majorité n'ont pas adhéré à la foi en Jésus Christ est pour lui un drame, une réelle souffrance. D'où le ton pathétique qu'il utilise pour introduire ces trois chapitres.

Lecture méditée

Ces quelques lignes sont un cri. C'est par une formule proche du serment que Paul clame sa tristesse. Il en appelle au Christ et à l'Esprit Saint comme témoins de sa bonne foi. On découvre ici, en plus de l'apôtre engagé et de l'intellectuel théologien, l'homme de cœur qui ne craint pas de mettre en avant ses affects. Ce n'est plus l'intelligence qui parle, c'est l'émotion, presque… les tripes!

Le ton personnel et dramatique du passage est à souligner, alors que le christianisme est parfois perçu comme une religion intellectuelle ou bourgeoise, loin de la vie courante et des sentiments. Or, dans une œuvre aussi élaborée que l'épître aux Romains, l'affectivité a toute sa place. La foi concerne toute la personne : la sensibilité, le sens de l'esthétique, les douleurs et les joies. Quand une réalité théologique, morale ou dogmatique, nous semble difficile à accepter, on a bien le droit de le crier!

La force du cri de Paul ne peut cependant manquer d'étonner. Il avoue qu'il accepterait d'être maudit (littéralement « anathème ») et séparé du Christ pour ses frères de race. Comment cela est-il possible? N'a-t-il pas précisément construit toute sa vie sur son attachement au Christ et son désir de le faire connaître? Et qu'est-ce que cela apporterait aux Juifs si Paul était damné?

Toutes proportions gardées, on peut faire le parallèle avec la petite Thérèse de Lisieux s'engageant de toutes ses forces spirituelles pour la cause d'un criminel dont elle avait appris la condamnation à mort, faisant monter sa prière ardente pour sa conversion, et acceptant l'éventualité d'être damnée à sa place si ce marché avec Dieu pouvait sauver son protégé.

S'engager sur un chemin qui semble le bon « au risque de se perdre » est finalement une attitude recommandée par Jésus : « Qui veut sauver sa vie la perdra. Mais celui qui la perd à cause de moi et de l'Évangile la sauvera » (Mc 8,35). Certes, accepter d'être maudit ou damné pour le salut d'un autre n'implique pas qu'on le sera ; Dieu est capable de faire justice à chacun. Mais c'est l'expression d'un engagement total pour une cause. Et la cause d'Israël, le peuple de l'alliance et de la promesse, vaut bien cela.

Que l'on soit juif – comme Paul l'était – ou non, ce qu'il écrit conduit le lecteur à raviver sa conscience de tout ce que Dieu a accordé au peuple élu. L'énumération est éloquente : l'adoption, la gloire, les alliances, la loi, le culte, les promesses, les patriarches, et même le Christ – tout simplement, oserait-on dire, excusez du peu ! Jésus, comme Paul, était juif. Tous les auteurs ou presque du Nouveau Testament étaient juifs (un doute existe pour saint Luc). Un chrétien lucide se doit de reconnaître tout ce qu'il doit aux racines juives de sa foi. Pie XI, au moment de la montée du nazisme, avait rappelé à l'ensemble de l'Église : « Nous sommes spirituellement des sémites. »

Non seulement, l'antijudaïsme et l'antisémitisme sont inacceptables pour un chrétien, mais celui-ci ne peut échapper au fait qu'Israël est le peuple que Dieu a choisi pour se faire connaître à l'humanité, et que cette élection ne s'arrête pas avec Jésus Christ. L'Église n'est pas le nouvel Israël. L'Écriture chrétienne ne se réduit pas au Nouveau Testament : elle est constituée de la Bible tout entière, Ancien (certains préfèrent dire : Premier) et Nouveau Testament.

Il revient aux chrétiens de connaître toute la Bible, et même de lire l'Écriture juive comme les Juifs la lisent encore, pas seulement en essayant d'y discerner des annonces prophétiques du Christ et de sa mission. On peut regretter, à ce propos, que tant de chrétiens connaissent si mal le judaïsme et la prière juive, tout comme on peut regretter que l'État hébreu se disqualifie par des comportements très éloignés de l'accueil bienveillant de l'étranger sur sa terre, accueil sur lequel insiste fortement la Tora.

Juif devenu chrétien comme Paul, mais plus tôt dans son existence, le cardinal Lustiger avait prévu pour ses obsèques la récitation du Kaddish, l'une des grandes prières juives, qui n'est pas sans parenté avec le Notre Père. Effectivement, ce texte a été lu par son cousin, Arno Lustiger, le mercredi 8 août 2007 sur le parvis de Notre-Dame de Paris, aux côtés du cercueil. C'est un bel exemple de la conviction rappelée avec émotion par Paul : Israël est et reste le peuple élu. Juifs et chrétiens peuvent prier ensemble. Et le fait que la grande majorité des Juifs soit privée des richesses de l'Évangile ne devrait laisser aucun chrétien indifférent.

Une prière juive : le Kaddish

Que soit magnifié et sanctifié son grand Nom dans le monde qu'il a créé selon sa volonté; et qu'il établisse son règne de votre vivant, et de vos jours et du vivant de toute la maison d'Israël, bientôt et dans un temps proche. Amen!

Que son grand Nom soit béni à jamais et d'éternité en éternité!

Que soit béni et célébré, glorifié et exalté, élevé et honoré, magnifié et loué, le Nom du Saint, béni soit-il! Lui qui est au-dessus de toute bénédiction et de tout cantique, de toute louange et de toute consolation qui sont proférées dans le monde. Amen!

Que les prières et supplications de tout Israël soient accueillies par leur Père qui est aux cieux. Amen!

Que la plénitude de la paix nous vienne des cieux, ainsi que la vie, pour nous et pour tout Israël. Amen!

Que Celui qui établit la paix dans les hauteurs l'établisse sur nous et sur tout Israël. Amen!

quatorzième jour

VIVRE LA PLURALITÉ EN ÉGLISE

Accueillez celui qui est faible dans la foi sans critiquer ses opinions. La foi de l'un lui permet de manger de tout, tandis que l'autre, dont la foi est faible, ne mange que des légumes. Celui qui mange de tout ne doit pas mépriser celui qui ne mange pas de viande, et celui qui ne mange pas de viande ne doit pas juger celui qui mange de tout, car Dieu l'a accueilli lui aussi.

Qui es-tu pour juger le serviteur d'un autre? Qu'il tienne bon ou qu'il tombe, cela regarde son propre maître. Et il tiendra bon, car le Seigneur a le pouvoir de le faire tenir.

Pour l'un, certaines dates ont plus d'importance que d'autres, tandis que pour l'autre elles sont toutes pareilles. Que chacun soit au clair avec sa propre opinion. Celui qui attribue de

l'importance à une date particulière le fait pour le Seigneur; celui qui mange de tout le fait également pour le Seigneur et, en effet, il rend grâce à Dieu. Et celui qui ne mange pas de tout le fait pour honorer le Seigneur, et lui aussi rend grâce à Dieu.
Car aucun de nous ne vit pour soi-même, et aucun ne meurt pour soi-même. Si nous vivons, en effet, nous vivons pour le Seigneur; et si nous mourons, nous mourons pour le Seigneur. Soit que nous vivions soit que nous mourions, nous sommes au Seigneur. C'est pour cela, en effet, que Christ est mort : pour régner sur morts et vivants.
(Romains 14,1-9)

Pour comprendre

La diversité des chrétiens de Rome, entre Juifs et non-juifs notamment, créait des tensions à l'intérieur de l'Église locale. Au nom de leur appartenance au judaïsme, certains mangeaient Kasher, parfois végétarien, et célébraient certaines fêtes. D'autres, au nom d'une foi libérée qui n'a que faire de bizarreries alimentaires, mangeaient de tout sans problème. Il était difficile, dans de telles conditions, de s'asseoir à la même table. Évidemment, chacun revendiquait l'excellence de sa position et en venait à mépriser celui qui pensait autrement.

Artisan d'unité, Paul tente d'aider ses destinataires à dépasser ces clivages. Une simple question alimentaire et rituelle est pour lui l'occasion de conduire une réflexion de grande portée sur la vie en Église.

Lecture méditée

Dans une communauté chrétienne digne de ce nom, il importe d'accueillir « celui qui est faible dans la foi ». Ces situations existent, bien que nous n'en soyons pas juges. On pense à des personnes qui se perçoivent comme étant aux marges : les catéchumènes, les étrangers, les baptisés qui redécouvrent la foi chrétienne, les hommes et les femmes que leur situation conjugale exclut des sacrements, les nouveaux arrivants dans un groupe donné… Sont-ils vraiment accueillis comme étant chez eux dans l'Église de Jésus Christ? Pourtant le faible comme le fort, *« Dieu l'a accueilli »,* rappelle Paul. En faire autant est un devoir.

Or, lorsqu'on fréquente les pots paroissiaux, il est fréquent que l'on y trouve des gens un peu gênés, n'osant pas se mêler aux groupes constitués. Pendant ce temps, les habitués de la paroisse, avec beaucoup d'aisance et un verre à la main, vont de l'un à l'autre en échangeant des nouvelles qui n'ont pas grand rapport avec la vie ecclésiale. Dans l'Église comme partout, ceux qui pensent autrement que la majorité ou qui viennent d'ailleurs ont du mal à trouver leur place. « Les braves gens n'aiment pas que l'on prenne une autre route qu'eux », chantait Georges Brassens. À ce compte-là, de nombreux paroissiens font – hélas – partie de ces « braves gens » conformistes, bien qu'ils s'estiment ouverts. Comme les autres, les groupes chrétiens sont menacés par la pensée unique.

L'Église n'est pas un club. Nous n'avons pas à la construire selon nos goûts. Chacun y est serviteur d'un seul maître, le Christ. C'est lui la tête. C'est à lui que chacun aura à rendre compte. Dans la 1re épître aux Corinthiens, Paul remarquait que les différentes fonctions ecclésiales n'avaient pas pour conséquence des supériorités ou des infériorités : *« Il y a diversité de dons spirituels, mais c'est le même Esprit; diversité de ministères, mais c'est le même Seigneur; diversité de modes d'action, mais c'est le même Dieu qui produit tout en tous. En chacun l'Esprit se manifeste en vue du bien de tous »* (1 Co 12,4-7).

On peut en dire autant des différentes situations ou des différentes sensibilités. Il revient à chacun d'être *« au clair avec sa propre opinion »*, rappelle Paul, c'est-à-dire de la réfléchir, de la fonder, de ne pas se laisser entraîner au gré des fantaisies ni de s'enferrer dans un immobilisme rigide. Mais une fois que cela est assuré, aucune position ne mérite d'être sous-estimée ; elle tient à l'histoire de la personne, à son éducation ou à d'autres facteurs. La pluralité est un maître mot de la vie ecclésiale. « Tout homme est une histoire sacrée », chante-t-on dans les paroisses de l'Hexagone. L'amour du frère implique le respect de son mystère.

Dans l'Église, que tout se fasse *« pour le Seigneur ».* C'est pour lui que nous mangeons, que nous buvons, que nous vivons, que nous mourons. Il est le terme et le but de tout. Là est sans doute la clef de la tolérance et de l'ouverture que nous devrions avoir entre chrétiens. Tout vaut d'être fait *« pour le Seigneur »,* car Dieu lui-même a tout fait pour nous en Jésus Christ : pour nous il s'est incarné, pour nous il a accepté la mort, pour que nous ayons la vie il est ressuscité. Dieu nous ayant aimés le premier, tout faire pour lui et entrer dans son dessein de bonheur pour ses créatures n'est qu'un juste retour des choses.

Cela n'exclut pas, évidemment, que nous ayons à gérer les choses de la terre : travailler, avoir des enfants, prendre des loisirs, en un mot viser des objectifs plus limités que Dieu, notre objectif ultime. Le Dieu qui s'est incarné ne nous demande pas de nous désincarner. Pourtant, s'il est normal et bon d'avoir les pieds sur terre, la foi devrait avoir pour conséquence que l'on marche aussi la tête dans les cieux, en ayant dans l'esprit et le cœur les projets de Dieu sur le monde, et en ajustant nos propres projets aux siens.

Si, dans l'Église, les croyants vivent ainsi leur foi, nul doute qu'ils dépasseront les mesquineries qui conduisent à majorer les détails et à avoir la condamnation facile. « Il y a beaucoup de demeures dans la maison de mon Père », disait Jésus dans saint Jean (Jn 14,2). Le respect des différences s'enracine dans la volonté d'habiter ensemble cette maison.

Une prière

Nous te rendons grâce, Seigneur, pour ton amour qui précède le nôtre. Tu nous l'as manifesté en Jésus Christ. En lui, tu as tout fait pour nous. Nous te rendons grâce pour ton Église, qui nous a fait connaître cet amour.

Tu es la source de tout. Nous voulons y répondre en te considérant aussi comme notre objectif, notre but, notre fin.

Donne aux chrétiens de répondre à cet amour en pratiquant tolérance et ouverture les uns vis-à-vis des autres. Qu'ils constituent un peuple de frères; qu'ils soient ainsi messagers de l'Évangile et de ta paix.

IMITER PAUL

Soyez toujours joyeux dans le Seigneur. Je le répète : soyez joyeux. Que votre bonté soit reconnue par tous les humains. Le Seigneur est proche.

Ne soyez inquiets de rien mais, en toutes circonstances, par la prière et la supplication sur ton d'action de grâces, faites connaître à Dieu vos demandes. Et la paix de Dieu, qui surpasse tout ce qu'on peut en penser, gardera vos cœurs et vos pensées dans le Christ Jésus.

Pour le reste, frères, tout ce qu'il y a de vrai, tout ce qu'il y a de noble, tout ce qu'il y a de juste, tout ce qu'il y a de pur, tout ce qu'il y a d'agréable, tout ce qui est bon à dire, notamment la vertu et la louange, tout cela prenez-le en compte.

Ce que vous avez aussi appris, reçu et entendu

de moi, tout ce que vous avez vu en moi, mettez-le en pratique. Et le Dieu de la paix sera avec vous.
(Philippiens 4,4-9)

Pour comprendre

Paul a fondé l'Église de Philippes, ville de Macédoine, au cours de son second voyage, et a entretenu avec la communauté chrétienne de cette modeste cité des relations très cordiales. C'est la seule dont il a accepté qu'elle l'entretienne financièrement.

Vers la fin d'une courte lettre de seulement quatre chapitres, qui est peut-être composée de plusieurs billets réunis par la suite, il résume en quelques phrases le programme d'une vie selon l'Évangile. La chaleur du ton s'explique par l'étroitesse de ses liens avec les Philippiens.

Lecture méditée

L'invitation à la joie est ici plus marquée que dans la 1re épître aux Thessaloniciens (5,16 ; voir notre *deuxième jour*) ; Paul la répète et insiste. Les personnes bonnes sont joyeuses, semble-t-il, et leur joie est le signe de leur bonté. Le lien entre les deux mérite d'être médité. « Un saint triste est un triste saint », a-t-on coutume de dire. Cela rejoint la remarque ironique de Nietzsche qui estimait que les chrétiens, prédicateurs du salut, devraient davantage avoir l'air d'être sauvés. Et cela nous interroge lorsque nous nous laissons aller à présenter une triste figure, plaignante ou grognonne.

L'un des motifs de cette joie – mais il y en a d'autres – est la proximité du Seigneur. Non pas seulement une proximité dans le temps, parce que son retour ne tardera pas. Mais parce que le Seigneur est par excellence Celui qui s'est fait proche et continue d'être proche, accordant à chacun un compagnonnage qui ne fera jamais défaut. Dans l'évangile de Jean, Jésus annonce : « Je suis le chemin, la vérité et la vie » (Jn 14,6). Or, qu'y a-t-il de plus proche de nous, en permanence, que le chemin sur lequel nous avançons ? La proximité du Seigneur est à la fois motif de joie et motif de confiance.

Cette confiance est le terreau dans lequel notre prière puise sa sève. Rien de fondamentalement mauvais ne peut nous arriver, puisque Dieu nous aime. Cela n'exclut pas que l'on puisse adresser à Dieu des prières de demande, comme Jésus le rappelait à ses disciples et aux foules : « Demandez, et l'on vous donnera; cherchez, et vous trouverez; frappez, et l'on vous ouvrira » (Mt 7,7).

Cependant, prière et supplication doivent

se faire *« sur ton d'action de grâces »*. On ne demande pas à Dieu pour lui arracher quelque chose, comme à un maître vindicatif et lointain. Lui adresser une prière de demande, c'est d'abord reconnaître tout ce qu'il a déjà donné, gage de ses dons futurs. La demande est une demande de fils, non pas une demande d'esclave habité par la peur de ne rien recevoir. Ainsi le manque ou le besoin dans lequel on peut se trouver n'exclut pas la paix intérieure, une paix en plénitude.

Un tel climat est favorable à l'éclosion d'une vie éthique exigeante. La liste des adjectifs indiquant ce que le croyant doit rechercher en fait scintiller les aspects : notre programme, c'est le vrai, le noble, le juste, le pur, l'agréable, le bon à dire... Autant dire un programme trop élevé pour qu'il soit réaliste. Nous savons pertinemment que nous sommes incapables de vivre à ce niveau, que les lâchetés, les insuffisances et le péché viendront gâcher quelque chose. Mais peu importe : c'est un horizon. Savoir que l'itinéraire est semé d'embûches ne doit pas empêcher de placer haut les objectifs.

Prendre ces qualités en compte n'est d'ailleurs pas seulement les pratiquer soi-même. C'est aussi savoir les identifier et les apprécier chez les autres. L'une des hypothèses les meilleures pour expliquer ce que les évangiles appellent le blasphème contre l'Esprit Saint (Mc 1,29) est sans doute l'incapacité à reconnaître le bien lorsqu'il s'en fait quelque part : tout salir, médire de tout, ne voir que du mal partout. Dans de telles dispositions, comment pourrait-on s'ouvrir au pardon qui est l'expression d'un amour ? À l'inverse, les personnes qui sont capables d'identifier le bien là où il se trouve et de le montrer avec bienveillance non seulement sont heureuses, mais font des heureux autour d'elles. C'est ce à quoi Paul invite ses destinataires.

Dans la fin du passage, Paul ose se donner lui-même en exemple. Ce n'est ni la première ni la seule fois. Déjà l'on pouvait lire dans la 1re épître aux Corinthiens : *« Devenez mes imitateurs, comme je le suis moi-même du Christ »* (1 Co 11,1). Cela nous choque-t-il ? Nous aurions tort. Ce que nous plaçons sous le nom de « modestie » est souvent plutôt de la fausse modestie.

Si Paul n'avait pas été lui-même l'imitateur du Christ, son propos ne serait, à l'évidence, que de l'orgueil mal placé. Si « imiter » voulait dire « singer », il serait stupide. Chaque personne est unique, les circonstances varient entre les temps et les lieux, et nul n'a besoin de reproduire les gestes d'un autre. Mais ce qui mérite d'être imité chez l'Apôtre, c'est la façon dont il s'est pleinement engagé dans sa foi et dans sa bonne foi, au point d'en être parfois agaçant par son insistance.

Il était saint, il n'était pas parfait au sens humain du terme. Les deux termes ne sont pas à confondre, sauf lorsque Jésus proclame : « Vous serez parfaits comme votre Père céleste est parfait » (Mt 5,48). Une telle perfection, on ne risque pas de la singer ! Nous aussi avons à être saints, avec le lot d'imperfections qui nous colle à la peau. Paul nous l'a montré. Nous pouvons l'en remercier et couler notre prière dans la sienne.

Action de grâces pour l'apôtre Paul

Nous te rendons grâce, Seigneur, pour Saul de Tarse, ton serviteur, juif de naissance comme ton Fils Jésus lui-même.

Nous te rendons grâce pour ton action en lui, la façon dont tu lui as révélé Jésus ressuscité, sur le chemin de Damas, un événement qui l'a habité toute sa vie.

Nous te rendons grâce pour l'homme qu'il est devenu sous l'action de ton Esprit : Paul le faible et le fragile, et pourtant le témoin courageux, le voyageur infatigable, le frère exigeant, l'apôtre des non-juifs.

Nous te rendons grâce pour les écrits qu'il nous a laissés, parfois difficiles d'approche, mais d'une richesse telle qu'une vie d'étude et de méditation ne saurait l'épuiser.

Donne-nous, Seigneur, d'être ses imitateurs, et qu'ainsi nous vivions de ta paix. Amen.

INDICATIONS BIBLIOGRAPHIQUES

Les livres sur Paul sont légion. Nous recommandons trois titres récents, le premier pour une première initiation sur Paul, le second écrit par nous-même, le troisième sur la prière chez Paul :

Daniel MARGUERAT, *Paul de Tarse, un homme aux prises avec Dieu,* éditions du Moulin, Poliez-le-Grand (Suisse) 1999

Michel QUESNEL, *Paul et les commencements du christianisme,* éditions Desclée de Brouwer, Paris 2001

Claude TASSIN, *Saint Paul, un homme de prière,* éditions de l'Atelier, Paris 2003

INDICATIONS PRATIQUES

Traductions

Les textes bibliques ont été traduits par l'auteur, en s'inspirant de traductions françaises connues, notamment :

Bible en Français courant
Traduction œcuménique de la Bible

Explication des sigles

1 Co	1re épître aux Corinthiens
2 Co	2e épître aux Corinthiens
1 Jn	1re épître de Jean
1 Th	1re épître aux Thessaloniciens
2 Tm	2e épître à Timothée
Ac	Actes des Apôtres
Dt	livre du Deutéronome
Ga	épître aux Galates

Is	livre d'Isaïe
Jn	évangile selon saint Jean
Jr	livre de Jérémie
Lc	évangile selon saint Luc
Mc	évangile selon saint Marc
Mt	évangile selon saint Matthieu
Ph	épître aux Philippiens
Rm	épître aux Romains

Le chiffre suivi d'une virgule désigne un chapitre ; les chiffres suivants désignent les versets.

TABLE DES MATIÈRES

DANS LA MÊME COLLECTION

1. Philippe Ferlay, ***Le Christ-Prêtre***
2. Gabriel-Marie Garrone, ***Le Concile Vatican II*** (traduit en italien et en portugais au Portugal)
3. Claude Morel, ***François de Sales*** (5e édition, traduit en anglais aux États-Unis, en italien, en polonais, en tchèque, et en anglais en Inde) – fête le 24 janvier
4. Constant Tonnelier, ***Jean de la Croix*** (5e édition, traduit en anglais aux États-Unis, en coréen, en italien, en polonais, en portugais au Portugal et en tchèque) – fête le 14 décembre
5. Georges Rotheval, ***Marie Noël*** (2e édition)
6. André Pinet, ***Jean Tauler*** (traduit en anglais aux États-Unis, en croate et en tchèque)
7. Robert Schiélé, ***Don Bosco*** (2e édition, traduit en anglais aux États-Unis, en italien, en polonais et en tchèque) – fête le 31 janvier
8. Suzanne Vrai et André Pinet, ***Thomas d'Aquin*** (traduit en anglais aux États-Unis et en portugais au Portugal) – fête le 28 janvier
9. Pierre Blanc, ***Le Curé d'Ars*** (4e édition, traduit en anglais aux États-Unis, en polonais, en portugais au Brésil et en portugais au Portugal) – fête le 4 août
10. André Gozier, ***Maître Eckhart*** (2e édition, traduit en anglais aux États-Unis, en croate, en tchèque et en polonais)
11. Jean Abiven, ***Thérèse d'Avila*** (4e édition, traduit en anglais aux États-Unis, en espagnol, en hongrois, en portugais au Portugal, en portugais au Brésil et en coréen) – fête le 15 octobre
12. André Dupleix, ***Pierre Teilhard de Chardin*** (5e édition, traduit en anglais aux États-Unis, en italien et en portugais au Portugal)
13. Thaddée Matura, ***François d'Assise*** (5e édition, traduit en

anglais aux États-Unis, en italien, en espagnol, en polonais, en tchèque, en portugais au Portugal et en portugais au Brésil) – fête le 4 octobre

14. André GOZIER, ***Saint Benoît*** (3e édition, traduit en anglais aux États-Unis et en italien) – fête le 11 juillet

15. Pierre-Yves ÉMERY, ***Saint Bernard*** (3e édition, traduit en anglais aux États-Unis) – fête le 20 août

16. Michel LAFON, ***Charles de Foucauld*** (5e édition, traduit en anglais aux États-Unis, en espagnol, en hongrois, en italien, en polonais, en portugais au Brésil, en portugais au Portugal, en tchèque et en vietnamien)

17. Jean-Marie SÉGALEN, ***Alphonse de Liguori*** (traduit en anglais aux États-Unis, en arabe, en portugais au Brésil et en lituanien) – fête le 1er août

18. Jaime GARCÍA, ***Saint Augustin*** (4e édition, traduit en anglais aux États-Unis, en espagnol, en lituanien, en polonais, en tchèque et en italien) – fête le 28 août

19. Constant TONNELIER, ***Thérèse de Lisieux*** (5e édition, traduit en anglais aux États-Unis, en espagnol, en polonais et au Brésil en portugais) – fête le 1er octobre

20. Chantal VAN DER PLANCKE et André KNOCKAERT, ***Catherine de Sienne*** (3e édition, traduit en anglais aux États-Unis, en arabe, en italien, en letton, en lituanien, en néerlandais, en polonais, en portugais au Portugal, en roumain et en tchèque) – fête le 29 avril

21. Véronique PINARDON et Jean BULTEAU, ***Louis-Marie Grignion de Montfort*** (2e édition, traduit en anglais aux États-Unis, en lituanien, en polonais et en tchèque) – fête le 28 avril

22. Gérard DUFOUR, ***Marguerite-Marie*** (traduit en portugais au Brésil) – fête le 16 octobre

23. André GOZIER, ***Thomas Merton*** (traduit en anglais aux États-Unis, en polonais et en tchèque)

24. Cardinal Paul POUPARD, ***Paul VI*** (traduit en italien)

25. Marc DONZÉ, ***Maurice Zundel*** (5e édition, traduit en roumain et en tchèque)

26. Joseph PYRONNET et Charles LEGLAND, ***Gandhi*** (traduit en italien et en tchèque)
27. François VAYNE, ***Bernadette*** (4e édition, traduit en anglais aux États-Unis, en espagnol et en italien) – fête le 18 février
28. Matthieu ARNOLD, ***Luther*** (traduit en italien)
29. Bernard PITAUD, ***Madeleine Delbrêl*** (3e édition, traduit en italien)
30. Christian DELORME, ***Martin-Luther King*** (2e édition)
31. Michel LAFON et les PETITES SŒURS DE JÉSUS, ***Petite Sœur Magdeleine de Jésus*** (traduit en tchèque)
32. Benoît LOBET, ***Georges Bernanos*** (traduit en tchèque)
33. Henri-Marie MANTEAU-BONAMY, ***Marthe Robin*** (4e édition, traduit en italien et en portugais au Brésil)
34. Jacques GAUTHIER, ***Patrice de La Tour du Pin***
35. Benoît RIVIÈRE, ***Edmond et Marie Michelet*** (3e édition)
36. Marie-Thérèse DE MALEISSYE, ***Marie de la Passion*** (fondatrice des Franciscaines Missionnaires de Marie) (traduit en anglais en Inde, en arabe, en espagnol et en vietnamien)
37. Didier DASTARAC, ***Jeanne d'Arc*** – fête le 30 mai
38. Alain QUILICI, ***Saint Dominique*** (traduit en anglais aux États-Unis et en espagnol) – fête le 8 août
39. Jean ROCHE, ***Marcellin Champagnat*** (fondateur des Frères Maristes) – fête le 6 juin
40. Marie-Thérèse BOULINGUIER et Marie-Françoise TOULOUSE, ***Nicolas Barré*** – fête le 21 octobre
41. Gilles BEAUDET, ***Jean-Baptiste de La Salle*** (traduit en italien) – fête le 7 avril
42. Francine de LA GORCE, ***Le Père Joseph Wresinski*** (fondateur du Mouvement ATD Quart Monde)
43. François BÉCHEAU, ***Ignace de Loyola*** (2e édition, traduit en espagnol) – fête le 31 juillet
44. Jean RÉMY, ***Élisabeth de la Trinité*** (3e édition, traduit en espagnol et en polonais) – fête le 8 novembre
45. Jean-Pierre RENOUARD, ***Saint Vincent de Paul*** (2e édition, traduit en portugais au Brésil) – fête le 27 septembre

46. Michel Dupuis, ***Édith Stein*** (3e édition, traduit en espagnol et en italien) – fête le 9 août
47. Jean-François de Louvencourt, ***Le Père Kolbe*** – fête le 14 août
48. Jean-François Soubrier, ***Sainte Jeanne de France*** – fête le 4 février
49. Roger Bichelberger, ***Guillaume-Joseph Chaminade*** (fondateur de la Famille marianiste) (traduit en anglais aux États-Unis) – fête le 22 janvier
50. Cardinal Etchegaray, ***Jean XXIII*** (traduit en espagnol et en italien) – fête le 11 octobre
51. Jean-François Petit, ***Emmanuel Mounier***
52. Jean-Marie Lévrier-Mussat, ***Mgr Rodhain*** (fondateur du Secours Catholique)
53. Bernard Dullier, ***Eugène de Mazenod*** (fondateur des Oblats de Marie Immaculée, évêque de Marseille) (traduit en italien) – fête le 21 mai
54. Une moniale de la Chartreuse Notre-Dame, ***Saint Bruno*** (fondateur des Chartreux) – fête le 6 octobre
55. Marie-France Becker, ***Claire d'Assise*** (2e édition, traduit en espagnol et en italien) – fête le 11 août
56. Jean-François de Louvencourt, ***François et Jacinthe de Fatima*** (2e édition, traduit en espagnol, en polonais et en portugais au Portugal) – fête le 20 février
57. Jean-Dominique Dubois ofm, ***Padre Pio*** (3e édition, traduit en espagnol et en portugais au Portugal) – fête le 23 septembre
58. Marie-Thérèse Abgrall, ***Madeleine Daniélou*** (traduit en polonais)
59. Guillaume Derville, ***Josémaria Escriva*** (traduit en espagnol, en italien, et en portugais au Portugal) – fête le 26 juin
60. Madeleine Bourcereau et Marie-Thérèse Toulouse, ***Le Père Jacques Sevin*** (fondateur du scoutisme catholique)
61. Jean Allemand, ***Henri Caffarel*** (fondateur des Équipes Notre-Dame) (2e édition, traduit en portugais au Portugal)

62. André MAYOR, ***Jules Chevalier*** (fondateur des Missionnaires du Sacré-Cœur) (traduit en espagnol)
63. Gabrielle NOËL o.s.u., ***Marie Guyart de l'Incarnation*** (mère de l'Église canadienne) – fête le 30 avril
64. Philippe BAUD, ***Nicolas de Flue*** – fête le 25 septembre
65. Maxime EGGER, ***Silouane*** (2e édition, traduit en espagnol et en roumain) – fête le 24 septembre
66. François BÉCHEAU s.j., ***François Xavier*** (traduit en espagnol) – fête le 3 décembre
67. Pio MURAT et Valentin STRAPPAZZON, ***Antoine de Padoue*** – fête le 13 juin
68. Yvon DENIAUD, ***Jean-Marie de La Mennais***
69. Jean-Marie SÉGALEN, ***Joseph Passerat*** (rédemptoriste surnommé « le grand priant »)
70. Michel LAFON, ***Jeanne Jugan*** (traduit en portugais au Portugal) – fête le 30 août
71. Yves LEDURE, ***Léon Dehon*** (fondateur des Prêtres du Sacré-Cœur) (traduit en allemand, en italien et en portugais au Portugal)
72. Marie-Jo HAZARD, ***Dom Helder Camara*** (traduit en italien)
73. Arsène AUBERT, ***François Libermann*** (deuxième fondateur des Spiritains) – (2e édition)
74. Pierre MICHALON, ***L'Abbé Paul Couturier*** (apôtre de l'unité des chrétiens)
75. Jean-Paul PÉRIER-MUZET, ***Emmanuel d'Alzon*** (fondateur des Assomptionnistes)
76. Bernard LUCCHESI, ***Saint Jean de Dieu*** – fête le 8 mars
77. Philippe BRADEL, ***Jean-Émile Anizan*** (fondateur des Fils de la Charité)
78. Mgr Francesco FOLLO, ***Mère Teresa*** (2e édition, traduit en coréen, en espagnol et en portugais au Portugal) – fête le 5 septembre
79. René COMBAL, ***Benoîte Rencurel***
80. Christiane GAUD-DESCOULEURS, ***Michel Quoist***
81. Alphonse GILBERT, ***Daniel Brottier*** – fête le 28 février

82. Jacques GADILLE et Gabrielle MARGUIN, ***Pauline-Marie Jaricot***
83. R. Ferdinand POSWICK, ***Columba Marmion*** (Abbé de Maredsous)
84. Didier RANCE, ***Les Martyrs chrétiens du XXe siècle*** (2e édition, traduit en italien)
85. Pierre DERUAZ, ***Charles Péguy***
86. François BÉCHEAU, ***Pedro Arrupe*** (supérieur général des Jésuites)
87. Yves HABERT, ***Paul Claudel***
88. Jean-Marie SÉGALEN, ***Gérard Majella*** (le saint patron des futures mamans) (traduit en portugais au Brésil) – fête le 16 octobre
89. François MONFORT, ***Pierre de Bérulle*** (fondateur de l'Oratoire de Jésus)
90. Hélène CAUMEIL et Chantal DE LA FORGE, ***Thérèse Couderc*** (fondatrice de la Congrégation Notre-Dame du Cénacle) – fête le 26 septembre
91. Pierre FERRIÈRE et Isabelle MEEÛS-MICHIELS, ***Etty Hillesum*** (3e édition, traduit en italien)
92. Louis VERCHÈRE, c.s.sp., ***Le Père Jacques Laval*** (le saint de l'île Maurice)
93. Jeannine SIAT, ***L'Église de Rome*** (IIIe-VIIe siècles)
94. Keith BEAUMONT, ***Le Cardinal Newman***
95. Lucienne SALLÉ, ***Thérèse Cornille*** (fondatrice des foyers Claire Amitié)
96. Jean-Marie SÉGALEN, ***Marie Céleste Crostarosa*** (une mystique de l'eucharistie au XVIIIe siècle)
97. Roselyne DEGLAIRE et Joëlle GUICHARD, ***Le Père Marie-Eugène de l'Enfant Jésus*** (carme, fondateur de Notre-Dame de Vie) (2e édition, traduit en espagnol)
98. Philippe PLET, ***Saint Paul de la Croix*** (fondateur des passionistes) – fête le 19 octobre
99. Mgr Benoît RIVIÈRE, ***Le Père Joseph-Marie Perrin***
100. Mgr Francesco FOLLO, ***Jean-Paul II*** (traduit en espagnol et en italien)

101. Patrice Chocholski, ***Sœur Faustine*** (2e édition) – fête le 5 octobre

102. Christian Salenson, ***Christian de Chergé*** (prieur des moines de Tibhirine) (3e édition)

103. Bernard Cougoul, ***Jacques Loew***

104. Marthe Dachet et Geneviève pascale Defrenne, ***Jean-Martin Moyë*** (fondateur des Sœurs de la Providence, missionnaire en Chine) (2e édition) – fête le 4 mai

105. Élisabeth Charpy, ***Louise de Marillac*** – fête le 15 mars

106. Matthieu Arnold, ***Dietrich Bonhoeffer*** (2e édition, traduit en italien)

107. Bernard Lucchesi, ***Marie de Jésus Deluil-Martiny*** (fondatrice de la Société des Filles du Cœur de Jésus) – fête le 27 février

108. Christian Delorme, ***Antoine Chevrier*** (fondateur du Prado) – fête le 2 octobre

109. Philippe Plet, ***Gemma Galgani*** – fête le 16 mai

110. Mgr Lucien Daloz, ***Sainte Jeanne-Antide Thouret*** – fête le 23 mai

111. Bernard Pitaud, ***Monsieur Olier***

112. Henry Quinson, ***Christophe Lebreton*** (moine, poète, martyr à Tibhirine)

113. Renée Rogue, ***Jeanne Delanoue*** (la mère des pauvres) – fête le 17 août

114. Doris Lamontagne, ***François de Laval*** (évêque missionnaire de France, premier évêque de Québec)

115. Ghislaine Aubé et Jean-Louis Lejay, ***Le Père Épagneul*** (fondateur des frères missionnaires des campagnes)

116. Bernard Forthomme, ***L'Abbé Pierre***

117. Marie-Renée Noir, ***Le Docteur Nagaï*** (1908-1951)

118. Alain Delorme, ***Henri Vergès*** (religieux mariste, martyr en Algérie)

119. Corinne Gossauer-Peroz, ***William et Catherine Booth*** (fondateurs de l'Armée du Salut)

120. Michel Quesnel, ***Saint Paul*** (2e édition, traduit en espagnol) – fête le 29 juin

Pour être tenu informé des publications des éditions Nouvelle Cité et recevoir notre catalogue, veuillez adresser vos coordonnées à :

Éditions Nouvelle Cité
Domaine d'Arny
91680 Bruyères-le-Châtel
France

ou à :

editions@nouvellecite.fr

NOM :...

Prénom :...

Adresse :...

....

Code postal :..

Ville : ....

Pays : ....

email :...

Je souhaite être informé(e) des publications de la maison d'édition Nouvelle Cité.

www.nouvellecite.fr

Achevé d'imprimer en septembre 2008
sur les presses de la Nouvelle Imprimerie Laballery – 58500 Clamecy
Dépôt légal : septembre 2008 Numéro d'impression : 809115
Imprimé en France

La Nouvelle Imprimerie Laballery est titulaire du labelImprim'Vert®